STW

A CHER... CRAILI

CW00494184

SAUNDERS LEWIS

SIWAN

A CHERDDI ERAILL

Gwasg Dinefwr

Ail Argraffiad 1976
Trydydd Argraffiad 1980
Pedwerydd Argraffiad 1982
Pumed Argraffiad 1990
Chweched Argraffiad 1995
Seithfed Argraffiad 1999
Wythfed Argraffiad 2001

ISBN 0 9540569 0 6

Cyhoeddwyd ac argraffwyd yng Nghymru
gan Wasg Dinefwr
Heol Rawlings, Llandybïe
Sir Gaerfyrddin, SA18 3YD

Rhagair.

Ymddangosodd yr holl gerddi a ganlyn, oddieithr y
gyntaf a'r olaf, mewn cyfnodolion. Y Cyhoeddwyr a
fynnodd gennyf eu casglu'n llyfr.

Darlledwyd y ddrama *Siwan* gan y Gorfforaeth Ddar-
lledu ddygwyl Dewi, 1954, a rhoddwyd hi ar lwyfan
Theatr Garthewin yr haf canlynol. Efallai y dylwn ddweud
mai cerdd greadigol yw hi, nid gwaith hanesydd.

S.L.

Cynnwys.

SENEDD I GYMRU.

Mor neis fai cael drwy ddeiseb
neu siawns S. O. Davies, heb
gyrchu o neb i garchar
na baw gwaed, ond wyneb gwâr
a gwên fêl yn gofyn fôt,
senedd, Barc Cathays, ynot,
senedd fêl dy Deml Heddwch
i rawt cachaduriaid trwch
Cymru boluglot flotai,
nasiwn ben ôl Ness, neb a *Nye*.

II

AWDL

Y canu a fu i fab—Sant a Non,
    Di, dirion dad arab,
Yn nos gwawd, yn oes geudab,
Oes a'i phoer ar gleisiau'i Phab,

Nis clywi, Dewi ein dydd;—och am rin
    A Chymraeg beirdd bedydd;
Yn ing rhyfel anghrefydd
Cur yw dwyn coron Caer Dydd.

Aeth dydd awdlau'r Ffydd ar ffo,—ni pheirch wisg
    Archesgob, gwlad Teilo;
Duw mewn bara, ha-ha, ho!
Wedi Ffreud, offer radio,

Offeren Rhêen, pa raid?—Nid yw'r hil
    Ond rhawt cinemaliaid
O ffilm i ffilm, oni phaid
Sirio einioes ar unnaid

Yn y nos gymwynasgu—ddinesig,
    Gatholig ei theulu,
Tylwyth fel ffair yn tawelu
Ar sbonc cloch, gwŷs groch gwas sy gry;
Eithr enaid o'r aruthr rannu
O ddyffryn rhithiau a ddeffry
Yn noeth, yn hwyrddoeth, o'r anharddu—mawr
    I awr ddiyfory,

10

Lle bydd taer lonydd lynu—wrth gêl, friw·
   Galfarïau Cymru
A phêr rym cofus offrymu
Yr eiriol anfeidrol a fu ;
Yno bydd gwerth ar d'aberthu
Eglwysig, ar garegl Iesu,
Undod cyfryngdod Crist fry—yn y nen
   A than wybren obry ;

Ac allor a dôr, tï a'u dyry,—dwyn
   Daioni i Gymru,
Dan bang clep a sang stop-tap, su
Dwndwr y waltz, dondio a rhu,
Dwyn Golud y Ne' i'w gelu
A dodi Oen Duw yn ei dŷ,
Dwyn llurig Padrig rhag pydru—hen lan,
   Dawn merch Ann i'w channu.

III.

MARWNAD THOMAS GWYNN JONES.
1950.

Darfu am drad marwnadau,
clod ar gerdd dafod a dau;
dibwynt cain ystrydebau
oesau fu yn yr oes fau.
I deigr iaith ai dagrau a wedd?
Ffagl a miragl fu'r mawredd.
Hen ludw ein truan lediaith,
arwyl dlawd ar aelwyd laith,
droes yn fflam, da rosyn fflwch,
yn ei ddwylo yn ddilwch,
awchlem fflam ddiymachlud,
edrychwch, synnwch ei sud,—
Madog, Tir na n-Og, Gwlad Hud,
Enlli, Gwernyfed danllyd,
Broseliawnd, ba eres lwyn,
ynys Arthur a'r gwanwyn;
arnyn' chwardd, heb oerni chwith,
aruthr haul têr athrylith,
blodau nis lladd un bladur,
enaid fflam i'r diemwnd fflur.
Deled nos o dlodi i'n hiaith
a difadu'r dafodiaith
gan stomp gynghorau, gan stwns
eilias prifysgol aliwns,
saif d'awdlau, gleiniau dy glod,
dda awenydd, i ddannod
diffodd fflam, genedl wamal,
mwy nis cynn darn seisyn sâl.
Dy Faníon yw'r farn arnom,
dy Gerddi dy weddi o'r dom
am wawr Anatiomaros,
am roi o'r niwl Gymru'r nos.

IV.

MARWNAD
SYR JOHN EDWARD LLOYD.

Darllenais fel yr aeth Eneas gynt
Drwy'r ogof gyda'r Sibil, ac i wlad
Dis a'r cysgodion, megis gŵr ar hynt
Liw nos mewn fforest dan y lloer an-sad,
Ac yno'n y gwyll claear
Tu draw i'r afon ac i Faes Wylofain
Gwelodd hen arwyr Tro, hynafiaid Rhufain,
Deiffobos dan ei glwyfau, drudion daear,

Meibion Antenor ac Adrastos lwyd;
A'i hebrwng ef a wnaent, a glynu'n daer
Nes dyfod lle'r oedd croesffordd, lle'r oedd clwyd,
A golchi wyneb, traddodi'r gangen aur,
Ac agor dôl a llwyni'n
Hyfryd dan sêr ac awyr borffor glir,
Lle y gorffwysai mewn gweirgloddiau ir
Dardan ac Ilos a'r meirwon diallwynin.

Minnau, un hwyr, yn llaw hen ddewin Bangor
Euthum i lawr i'r afon, mentro'r cwch,
Gadael beisdon yr heddiw lle nid oes angor
A chroesi'r dŵr, sy ym mhwll y nos fel llwch,
I wyll yr ogofâu
Lle rhwng y coed y rhythai rhithiau geirwon
Gan sisial gwangri farw helwyr meirwon
Nas clywn; nid ŷnt ond llun ar furiau ffau.

Yna daeth golau a ffurf fel gwawr a wenai,
Helm a llurig yn pefrio ac eryr pres
A chwympo coed, merlod dan lif ym Menai,
Palmantu bryniau a rhaffu caerau'n rhes:
Tu . . . regere populos,
Mi welwn lun Agricola yn sefyll
Ar draeth ym Môn, murmurai frudiau Fferyll,
A'r heli ar odre'r toga'n lluwch fin nos.

Ac ar ei ôl mi welwn ŵr yn troi
Oddi ar y ffordd i'r fforest, i glirio llain
A hau ei wenith a hulio bwrdd a'i doi;
Ac yn ei ystum 'r oedd cyfrinach. Gwnâi'n
Araf arwydd y groes,
Ac adrodd geiriau atgofus dros y bara,
A chodi cwpan tua'r wawr yn ara',
Penlinio a churo'i fron, cymuno â loes.

Petrusais: 'Gwn, tra pery Ewrop pery'r
Cof am y rhain; ni byddant feirw oll,
Seiri ymerodraethau'r Groes a'r Eryr;
Eu breuddwyd hwy, a glymodd dan un doll,
Un giwdod ar un maen,
Fôn a Chyrenaïca, fu sail gobeithio
Dante a Grotius, bu'n gysgod dros anrheithio
Ffredrig yr Ail a Phylip brudd o Sbaen.

Ond yma ym mro'r cysgodion y mae hil
Gondemniwyd i boen Sisiffos yn y byd,
I wthio o oes i oes drwy flynyddoedd fil
Genedl garreg i ben bryn Rhyddid, a'r pryd—
O linach chwerw Cunedda,—
Y gwelir copa'r bryn, drwy frad neu drais
Teflir y graig i'r pant a methu'r cais,
A chwardd Adar y Pwll ar eu hing diwedda';

Pa le mae'r rhain?' Ac wele neuadd adwythig,
Gwely'n y canol, esgob, archddiagon,
Claswyr corunog, prioriaid Caer, Amwythig,
Yn iro llygaid tywyll uthr bendragon,
Ac yntau'n tremio o'i henaint
Ar ffiord yn Llychlyn, llongau Gothri ar herw,
Ogof Ardudwy, geol Hu Fras, Bron 'r Erw,
Helbulon saga oes a'i loes dan ennaint.

A gwelais grog ar lawnt a dwylo drudion
Yn estyn tuag ati rhwng barrau heyrn,
Oni ddaeth llong o Aber a rhwyfwyr mudion,
Tyrs ar y lli a lludw ar wallt teyrn
A chrog rhwng dwylo ar sgrin . . .
A dacw ben ar bicell, a rhawn meirch
Yn llusgo yn llwch Amwythig tu ôl i'w seirch
Gorff anafus yr ola' eiddila' o'i lin.

Ac ennyd, megis paladr fflam goleudy
Dros genlli'r nos, fflachiodd agennau'r gaer
A saif ar graig yn Harlech, etifedd deudy
Cymru'n arwain coron, dawns i'r aer;
Yna ger Glyn y Groes
Rhoes ail Teiresias ym mhylgain Berwyn
Ddedfryd oracl tynged, a bu terfyn:
Toddodd ei gysgod yn y niwl a'i toes.

Fel hwnnw a ddringodd sblennydd gwlad anobaith,
Trois innau at fy mlaenor, 'A all dy fryd
Esgyn i glogwyn tymp a chanfod gobaith?
Eu hiaith a gadwant, a oes coel ar frud?
A gedwir olaf crair
Cunedda o drafael cur ei feibion oll?'
Ond ef, lusernwr y canrifoedd coll,
Nid oedd ef yno mwy, na'i lamp na'i air.

V.

LLYGAD Y DYDD YN EBRILL.

Doe gwelais lygad y dydd
fel drych harddwch y wawrddydd;
echdoe dibris y troediwn,
a doe gweld. Daed y gwn
egni nwyd gwanwyn a'i aidd
yn creu ei swllt crisialltaidd,
angerdd celfyddyd gweungors,
rhuddem a gem yn y gors.
Y cae lle y canai cog
Ebrill aeth yn Llwybr Llaethog;
troes y ffurfafen benben,
miliynau heuliau y nen
yn is sawdl a osodwyd
i euro lawnt daear lwyd;
Orïon ar y bronnydd,
Arctwros a Seirios sydd,
gleiniau tân gloynnod Duw,
yn sêr effro seraffryw
ar las wybren ysblennydd.
Doe gwelais lygad y dydd.

VI.

DAWNS YR AFALLEN.

Dawns afallen dan ei blodau,
Priodasferch Mai'r aroglau;
Lamp yn canu carol owmal
A phinc-wridog mewn fflam crisial
Megis eira; pêr gonsuriwr
Sydd yn denu'n heidiau'r gwenyn a'u haur gynnwr'
I goroni ei gwallt â'u miwsig
Gan ymdywallt rhwng yr emrallt a'r gwyn camrig.

Hudol yw afallen Medi;
Gwelaf ferched Atlas dani
Yn codi eu dwylo, Eritheia,
Hesper, Egle, Arethwsa,
Tua'r gwyrdd lusernau crynion
Fel lleuadau neu gêl fronnau'r gloyw forynion
Sy'n bugeilio'r ardd ddiaeaf;
Dawns duwiesau dan afalau, dyna welaf.

VII.

LAVERNOCK.

Gwaun a môr, cân ehedydd
yn esgyn drwy libart y gwynt,
ninnau'n sefyll i wrando
fel y gwrandawem gynt.

Be' sy'n aros, pa gyfoeth,
wedi helbulon ein hynt?
Gwaun a môr, cân ehedydd
yn disgyn o libart y gwynt.

VIII.

NODIADAU MIS AWST, 1953.

1. Y GEGWEN

Y fechan chwim, y gegwen,
　　Dan flodau cochion y ffa
Wrth hela buchod morgrug
　　Cododd iâr fach yr ha';

Ffwrdd â nhw, pili pala,
　　Zig-zag, fel chwarae mig:
Cyn cyrraedd y pren fala'
　　Mae'r gegwen yn wen ei phig.

2. VANESSA IO

Ymerodres gloynnod Duw
Ar orsedd pwmpaliri ar daen
A'i dwy aden fel llyw'r paun
Neu wyntyll Cleopatra'n fyw.

3. EIRIN GWLANOG

Melfed yr haf ar dafod, a phêr ias
　　Blas ei ffrwyth ar daflod,
Fferf a gwyrdd a phorffor god
　　Y daeth gwaed Awst i'th geudod.

IX.

Y PÎN.

Llonydd yw llyn y nos yn y cwm,
Yn ei gafn di-wynt;
Cwsg Orïon a'r Ddraig ar ei wyneb plwm,
Araf y cyfyd y lloer a nofio'n gyntunus i'w hynt.

Wele'n awr awr ei dyrchafael.
Chwipyn pelydri dithau o'i blaen a phicell dy lam
O fôn i frig dan ei thrafael
Yn ymsaethu i galon y gwyll fel Cannwyll y Pasg dan ei
    fflam:
Ust, saif y nos o'th gylch yn y gangell glaear
Ac afrlladen nef yn croesi â'i bendith y ddaear.

X.

DIFIAU DYRCHAFAEL.

Beth sydd ymlaen fore o Fai ar y bronnydd?
Edrychwch arnynt, ar aur y banadl a'r euron
A'r wenwisg loyw ar ysgwyddau'r ddraenen
Ac emrallt astud y gwellt a'r lloi llonydd;

Gwelwch ganhwyllbren y gastanwydden yn olau,
Y perthi'n penlinio a'r lleian fedwen fud,
Deunod y gog dros ust llathraid y ffrwd
A'r rhith tarth yn gwyro o thuser y dolau:

Dowch allan, ddynion, o'r tai cyngor cyn
Gwasgar y cwning, dowch gyda'r wenci i weled
Codi o'r ddacar afrlladen ddifrycheulyd
A'r Tad yn cusanu'r Mab yn y gwlith gwyn.

XI.

EMMÄWS.

'Ddaw neb o hyd iddo'n awr;
ei hanes 'd oedd ond unawr;
graig a llwybr, yn gyfrgoll aeth
Emmâws didramwyaeth.

Ond trig ar gronig ei rawd,
duwsul Pasg y bedysawd,
y ddadl hael a'r gwahodd tlws,
mwyaid bara Emmâws.

Pa ŵyll draw yn y pellter
sy'n turio'r swnd, hwyr awr sêr,
am dref ger Salem a'i drws,
Am heol i Emmâws?

Ai rhith Arab neu Rabbi?
A, mwyfwy och! Ai myfi
yn aro gwawr orig fach
Emmâws nad yw mwyach?

XII.

MABON.

Dau chwarter canrif fu dy fyw, ac O'r
Carchar a'r seler ddi-lawnter dan lif afon
Gwaed rhaeadrog ieuenctid, a'r anafon
A greithiodd ei rhuthrau arnad cyn agor dôr.

Yna daeth Arthur i'th arbed, dy Arthur Iôr,
A'th gipio i'w gyfranc, yn gnaf i ymfriwio â chnafon
A blasu cymdeithas ei Ford, a'th fwrw i fydafon
Geol ŷ gelyn ac eunuchdod tywod di-stôr.

Trydydd chwarter canrif ni wêl dy gnawd;
Mae'r trydydd carchar ac osgo'i gysgod arnad
I'th ffinio i'r ffyrling eithaf cyn ffoi o'i ffawd.

Wrth larwm yr eol hon tau galarnad
Clwy, bar, clo, brad, nes cofio o'r dihenydd tlawd
Fynd Arthur o'i flaen a throi'n *Te Deum* ei farwnad.

XIII.

MAIR FADLEN.

"Na chyffwrdd â mi."

Am wragedd ni all neb wybod. Y mae rhai,
Fel hon, y mae eu poen yn fedd clo;
Cleddir eu poen ynddynt, nid oes ffo
Rhagddo nac esgor arno. Nid oes drai
Na llanw ar eu poen, môr marw heb
Symud ar ei ddyfnder. Pwy—a oes neb—
A dreigla'r maen oddi ar y bedd dro?

Gwelwch y llwch ar y llwybr yn llusgo'n gloff:
Na, gedwch iddi, Mair sy'n mynd tua'i hedd,
Dynfder yn galw ar ddyfnder, bedd ar fedd,
Celain yn tynnu at gelain yn y bore anhoff;
Tridiau bu hon mewn beddrod, mewn byd a ddibennwyd
Yn y ddiasbad brynhawn, y gair Gorffennwyd,
Y waedd a ddiwaedodd ei chalon fel blaen cledd.

Gorffennwyd, Gorffennwyd. Syrthiodd Mair o'r bryn
I geudod y Pasg olaf, i bwll byd
Nad oedd ond bedd, a'i anadl mewn bedd mud,
Syrthiodd Mair i'r tranc difancoll, syn,
Byd heb Grist byw, Sabath dychrynllyd y cread,
Pydew'r canmil canrifoedd a'u dilead,
Gorweddodd Mair ym meddrod y cread cryn,

Yng nghafn nos y synhwyrau, ym mhair y mwg;
Gwynnodd y gwallt mawr a sychasai ei draed,
Gwywodd holl flodau atgo' ond y gawod waed;
Cwmwl ar gwmwl yn ei lapio, a'u sawr drwg
Yn golsyn yn ei chorn gwddf, ac yn difa'i threm
Nes diffodd Duw â'u hofnadwyaeth lem,
Yn y cyd-farw, yn y cyd-gladdu dan wg.

Gwelwch hi, Niobe'r Crist, yn tynnu tua'r fron
Graig ei phoen i'w chanlyn o'r Pasg plwm
Drwy'r pylgain du, drwy'r gwlith oer, drwy'r llwch trwm,
I'r man y mae maen trymach na'i chalon don ;
Afrwydd ymlwybra'r traed afrosgo dros ddraen
A thrafferth dagrau'n dyblu'r niwl o'i blaen,
A'i dwylo'n ymestyn tuag ato mewn hiraeth llwm.

Un moeth sy'n aros iddi dan y nef,
Un anwes ffarwel, mwynder atgofus, un
Cnawdolrwydd olaf, trist-ddiddanus, cun,
Cael wylo eto dros ei esgeiriau Ef,
Eneinio'r traed a golchi'r briwiau hallt,
Cusanu'r fferau a'u sychu eto â'i gwallt,
Cael cyffwrdd â Thi, Rabboni, O Fab y Dyn.

Tosturiwn wrthi. Ni thosturiodd Ef.
Goruwch tosturi yw'r cariad eirias, pur,
Sy'n haearneiddio'r sant drwy gur ar gur,
Sy'n erlid y cnawd i'w gaer yn yr enaid, a'i dref
Yn yr ysbryd nefol, a'i ffau yn y santeiddiolaf,
Sy'n llosgi a lladd a llarpio hyd y sgarmes olaf,
Nes noethi a chofleidio'i sglyfaeth â'i grafanc ddur.

Bychan a wyddai hi, chwe dydd cyn y Pasg,
Wrth dywallt y nard gwlyb gwerthfawr arno'n bwn,
Mai'n wir 'i'm claddedigaeth y cadwodd hi hwn';
Ni thybiodd hi fawr, a chued ei glod i'w thasg,
Na chyffyrddai hi eto fyth, fyth â'i draed na'i ddwylo;
Câi Thomas roi llaw yn ei ystlys; ond hi, er ei hwylo,
Mwyach dan drueni'r Bara y dôi iddi'r cnawd twn.

Dacw hi yn yr ardd ar glais y wawr;
Gwthia'i golygon tua'r ogof; rhed,
Rhed at ei gweddill gwynfyd. Och, a gred,
A gred hi i'w llygaid? Fod y maen ar lawr,
A'r bedd yn wag, y bedd yn fud a moel;
Yr hedydd cynta'n codi dros y foel
A nyth ei chalon hithau'n wag a siêd.

Mor unsain â cholomen yw ei chŵyn,
Fel Orphews am Ewridicê'n galaru
Saif rhwng y rhos a chrio heb alaru
'Maent wedi dwyn fy Arglwydd, wedi ei ddwyn,'
Wrth ddisgybl ac wrth angel yr un llef
'Ac ni wn i ple y dodasant ef,'
Ac wrth y garddwr yr un ymlefaru.

Hurtiwyd hi. Drylliwyd hi. Ymsuddodd yn ei gwae.
Mae'r deall yn chwil a'r rheswm ar chwâl, oni
Ddelo a'i cipia hi allan o'r cnawd i'w choroni—
Yn sydyn fel eryr o'r Alpau'n disgyn tua'i brae—
Â'r cariad sy'n symud y sêr, y grym sy'n Air
I gyfodi a bywhau : 'a dywedodd Ef wrthi, Mair,
Hithau a droes a dywedodd wrtho, Rabboni.'

XIV.

PURAF A THISBE.

(Cyfieithiad o Ofydd).

METAMORPHOSES IV, 55-166.

Yn y ddinas y cododd Semiramis fur o briddfeini
o'i chwmpas, drws nesaf i'w gilydd fe drigai llanc,
Puraf, o'r llanciau'r harddaf, a hithau, Thisbe,
y llances ddisgleiriaf a feddai'r Dwyrain oll.
A'u nesed, dal sylw ar ei gilydd, y camau cyntaf,
a droes gydag amser yn serch; a phriodi a fynasent,
ond gwaharddai'r rhieni; eithr un peth ni allent ei wahardd,
cyfartal y llosgai calonnau'r ddau dan y swyn.
Llatai ni feddent; ag amnaid a munud y dywedent,
ond po fwyaf yr huddid mwya'r mud-losgai'r tân.
Yn y wal ganol rhwng y ddau dŷ yr oedd crac,
agen a adawsid yn fain wrth ei gwneuthur gynt;
beth nas clyw serch? Y nam na sylwasid arno
am hir genedlaethau, chwi gyntaf, gariadon, a'i canfu
a'i droi'n llwybr i'r llais, a thrwyddo'n ddiogel
tramwyai grŵn murmuron eu mwyneiriau.
Mynych wedi iddynt sefyll, yma Thisbe a Phuraf acw,
ac wedi dal ar bob anadl o enau ei gilydd,
'Eiddig o wal', ebr hwy, 'paham y rhwystri gariadon?
Mawr na edit ein huno gorff wrth gorff;
neu, a bod hynny'n ormod, nad agorit i newid cusanau.
Ac eto cei'n diolch: i ti cyfaddefwn ein dyled
am ddarpar i'n geiriau ffordd i glustiau serchus.'
'Nôl siarad, er gwaetha'r gwahaniû, felly ynghyd,
gyda'r nos canu'n iach a dodi bob un ar y mur
gusan na fedrai dreiddio i'r ochor draw.
A thrannoeth wedi i'r wawr wasgaru'r sêr
a'r haul â'i belydr sychu'r glaswellt barugog,

i'r unfan y dychwelasant. Tost gwyno gyntaf
dan sisial, yna cytuno pan ddôi nos lonydd
y ceisient osgoi eu gwylwyr a llithro allan,
dianc o dref, gadael hefyd gyfannedd y ddinas,
a rhag iddynt golli ei gilydd wrth grwydro'r caeau
gwneud oed wrth feddrod Ninos i guddio dan gysgod
y pren, pren llwythog gan ffrwyth o liw yr eira,
merwydden dal a oedd yno ger ffynnon fel ia.
Bodloni i'r cynllun; hir ganddynt y dydd yn diweddu,
er hynny cwymp dydd dan y don ac o'r don daw nos.

Y mae Thisbe'n agor y drws, yn llithro'n ddirgelaidd
drwy'r gwyll heb gâr yn ei gweld; a'i hwyneb dan gwfl
cyrhaeddodd y beddrod a'i bwrw ei hun dan y pren;
rhôi serch iddi galon. Eithr och, dacw lewes yn nesu,
a'i safn yn wlyb a choch gan newyddwaed gwartheg,
i dorri ei syched yn nŵr y ffynnon gerllaw.
A Thisbe Fabilonaidd, draw yn y lloergan
fe'i canfu, a ffoes dan grynu i gysgod ogof,
ac wrth iddi ffoi gollyngodd ei mantell i'r llawr.
Hir yfodd y llewes ffyrnig, diwallodd ei syched,
ac wrth fynd yn ôl i'r coed daeth ar draws y dilledyn
ysgafn, diberchen, a'i rwygo â'i genau gwaedlyd.
Toc ar ôl hynny daeth Puraf a gweld yn y llwch trwchus
amlwg frisg yr anifail, oni welwodd ei wyneb oll.
Eithr wedyn, pan ganfu'r fantell wedi ei maeddu â gwaed,
' 'R un nos', ebr ef, 'a ddwg i ddau gariad dranc;
a hi oedd yn haeddu fwyaf estyn ei heinioes
canys arnaf i y mae'r bai; myfi, fy ngeneth, a'th laddodd,
gan dy siarsio i ddyfod liw nos i'r perygl hwn
heb gyrraedd gyntaf fy hun. O, rhwygwch fy nghorff,
derniwch fy nghnawd euog â'ch dannedd creulon,
chwi lewod oll y bo'ch ffau dan y graig hon!
Ond llwfr a ddeisyfo dranc!' Cododd ef fantell Thisbe
a'i dwyn gydag ef i gysgod pren yr oed,
ac wrth roi i'r wisg ei ddagrau, wrth roi arni gusanau,
'Cymer', ebr ef, 'hefyd ac yf yr awron o'm gwaed.'

Y cleddau a oedd wrth ei wregys, fe'i bwriodd i'w ystlys,
yna'n sydyn, cyn marw, fe'i tynnodd o'r clwyf twym.
Ymollyngodd i'w gefn ar y llawr, a sbonciodd y gwaed
megis pan dorrer pibell gan wall yn y plwm
a thrwy'r twll bychan sy'n sïo yr arllwys llif
hirfain o ddŵr a gwanu'r awyr â'i ffrydio.
Try'r ffrwythau'n ddugoch dan daenelliad y gwaed,
mwydir y gwraidd â'r gwaed, a dyry ei wawr
borffor ar y mwyar crog uwchben.

Ac wele, rhag siomi ei chariad, heb esgor ei braw
y mae hithau'n dychwelyd i'w geisio â llygad a bryd,
gan awchi am ddweud pa beryglon a osgoes.
Edwyn y fan, dacw lun y pren megis gynnau,
ond mae lliw'r ffrwyth yn ei drysu: ai hwn, tybed, yw?
Ar ganol ei phenbleth fe wêl ar y pridd creulyd
gorff a'i aelodau'n gwingo; sythodd ei cham;
glasach ei gwedd na'r bocs; daeth drosti ias
fel crynu môr pan gyffyrdder gan awel fain.
Ond wedi iddi sefyll ac adnabod ohoni ei chariad
mae'n curo'i breichiau gwirion dan wylofain
a rhwygo'i gwallt; cofleidia gorff ei hanwylyd
gan lenwi'i glwyfau â'i hwylo a chymysgu'i dagrau
â'i waed; ar wyneb sy'n oeri dyd ei chusanau
gan weiddi, 'Puraf, pa ddamwain a'th gipiodd di rhagof?
Puraf, ateb, dy anwylaf Thisbe sy'n galw,
Clyw fi a chyfod dy ben llipa o'r llawr!'
Ar enw Thisbe agorodd Puraf amrannau
trwm dan yr angau; fe'i gwelodd a chaeodd hwynt.
Canfu hi wedyn ei mantell a'r wain ddi-gledd
o ifori gwag: 'Dy law dy hunan a'th serch'
ebr hi, 'O druan, a'th laddodd. Ond i'r unpeth hwn
mae i minnau law gref, hafal serch, i roi grym yn fy ergyd.
Canlynaf di'n farw ac achos a chymar dy dranc
y'm gelwir i dristaf. Na fedrodd onid yr angau
ei rwygo, Och, oddi wrthyf, nis rhwyga na'r angau chwaith!
Chwithau, rieni trallodus i mi, iddo yntau,

erglywch ein deisyfiad ni'n dau yn y peth hwn:
a unodd serch diysgog ac awr marwolaeth,
na omeddwch inni ein claddu yn yr un bedd.
A thithau, bren, sy'n awr yn gordoi â'th ddail
druenus gelain un, a buan y cei ddwy,
cadw di nodau ein tranc, dwg dy fwyar byth
yn bygliw a gweddus i alar er cof am ein trychni dwbl.'
Tawodd, rhoes flaen y cledd o dan ei bron
ac ymdaflu arno ac ef eto'n dwym gan waed.
Clywodd y duwiau ei gweddi, fe'i clybu'r rhieni,
canys du yw ffrwyth y merwydd pan aeddfedo,
ac yn yr un wrn rhoed llwch y ddwy gelain losg.

SIWAN

CYMERIADAU

LLYWELYN FAWR, 57 oed.

SIWAN, ei wraig, merch Brenin Lloegr, 35 oed.

GWILYM BREWYS, 25 oed.

ALIS, llawforwyn i Siwan, 20 oed.

MILWYR, ETC.

Amser :

ACT I : Calan Mai, 1230, wedi canol nos.

ACT II : Mai 3, 1230, 6 a.m.

ACT III : Calan Mai, 1231.

33

ACT I.

Ystafell wely LLYWELYN FAWR a SIWAN.
*Goleuni canhwyllau. Y mae Siwan yn tynnu
ei gwisg fawr oddi amdani gyda help ei morwyn
stafell, Alis. Tu allan clywir cerddorfa delyn a
ffidil fechan yn canu hen ddawns Ffrengig.
Clywir pobl ifainc yn chwerthin hefyd a rhai'n
galw "nos da". Mae'r miwsig yn parhau drwy
agoriad yr act.*

ALIS :   Dyna'r wisg arian yn rhydd o'r diwedd,
        ma dame;
        Fe'i dodaf ar unwaith yn y gist.

SIWAN :   A'r goron yma gyda hi, Alis . . .
        Pa awr o'r nos yw hi?

ALIS :   Mi glywais y milwyr ar y muriau
        Yn gweiddi canol y nos ers tro, 'rwy'n siwr.

SIWAN :   'Wyt ti'n aros yn hir?

ALIS :   Ddim felly, Pan ddois i o'r lawnt
        Mi drois yr awrwydr ar ei ben, a gwelwch,
           'dydy'r tywod
        Ddim eto dros ei hanner yn y cafn;
        Rhaid felly mai rhyw hanner awr y bûm i yma.
        On'd oedd y dawnsio'n hyfryd ar y lawnt?
        'Roedd marchogion y Ffrainc wrth eu bodd.
        Mi glywais un ohonynt yn synnu cael
        Dawnsiau Aquitaine ar faes yn Arfon.
        'Dydyn' nhw ddim yn 'nabod eich llys chi,
        ma dame.

SIWAN :   Mae'r miwsig yn darfod. Mae'r llusernau
        ola'n diflannu.

ALIS :   Mae'r lantern fawr yn aros.

SIWAN :   Y lleuad? Ydy'.
        Mae ei golau hi'n treiddio drwy'r ffenestri
        yma.
        Prin fod angen canhwyllau.

ALIS :   'Roedd y galiard yn ngolau'r lleuad a'r
           llusernau
           Fel dawnsio hud a lledrith tylwyth teg.
           'Welais i ddim yn y byd tlysach na'r rhithiau
           a chysgodion rhithiau
           Yn symud yn osgeiddig i delyn na ellid mo'i
           gweld.
           Pam na ddar'u i chi ddawnsio, *ma dame?*

SIWAN :   A'r goron drom ar fy mhen?
           A'r wisg arian fawr fel pabell o'm cwmpas?
           Hyd yn oed i ddawnsio Ffrainc rhaid wrth
           ystwythach na honna.
           Llywyddu o'r gadair oedd fy ngwaith i heno,
           A chymryd lle'r Tywysog tra fo yntau oddi
           cartre.
           Dawns i ddathlu'r cynghrair â Ffrancwyr
           Aber-honddu oedd hon.

ALIS :   'Does neb fedr ddawnsio'r carolau Ffrengig
           fel chi.
           Pan ddaw dawns y briodas bydd gofyn i chi
           arwain.
           Fe wnaethoch ym mhriodas pob un o'r plant.

SIWAN :   Gwladus, Margaret, Helen, a 'rwan Dafydd,
           Dafydd y rhois i 'mywyd i euro'i deyrnas;
           Gwnaf, mi ddawnsiaf ym mhriodas Dafydd.

ALIS :   A ga' i ollwng eich gwallt chi a'i gribo 'rwan
           A'i drefnu i chi gael cysgu?

SIWAN :   Gwna hynny, Alis, Bu'r goron yn flinder ar fy
           mhen;
           Heblaw hynny, 'rwy'n hoffi cael cribbo
           'ngwallt.
           Mi 'steddaf ar y stôl . . Dyna ti.

ALIS (*yn canu'n dawel wrth gribo*) :
                    Le roi Marc était corrocié
                    Vers Tristram, son neveu, irie;
                    De sa terre le congédia
                    Pour la reine qu'il aima . . .

35

SIWAN :   'Dda gen' i mo'th gân di heno.

ALIS :   Marie de France, *ma dame*.
          Gennych chi y dysgais i hi.

SIWAN :   A minnau gan fy mam.
          'Roedd hi'n aros gyda 'nhaid yng Nghaerloyw
          Ac yn canu ei cherddi Esop a'u dysgu i'm
          mam.

ALIS :   Ac fe glywodd eich mam hi'n canu stori
          Trystan?

SIWAN :   Do, a'i dysgu i mi. Mae hi'n stori rhy drist i
          heno.

ALIS :   Mae Marie'n canu fel merch o'r wlad,
          Ein teimladau ni, ein hofnau a'n hiraeth ni,
          Nid fel y beirdd dysgedig sy'n glyfar ac oer.

SIWAN :   Ond fe ddysgodd gan y beirdd dysgedig.

ALIS :   'Roedd hi gystal bardd â Phrydydd y Moch,
          A'i Ffrangeg yn haws i Gymraes na Chymraeg
          y Prydydd.
          Pa bryd y daw bardd Cymraeg i ganu i
          ferched yn syml?

SIWAN :   Fe ddaw pan ddaw tafarn i Gymru.

ALIS :   Mi glywais fod tafarn yn Morgannwg . . .
             (*yn canu eto*)
                  En sa contree en est allé,
                  En Sud Galles où il fut né . . .

SIWAN :   Dyro lonydd i Drystan ac Esyllt.
          A gorffen 'y ngwallt i ar frys.

ALIS :   Ai Ffrancwr oedd Trystan, *ma dame*?
          Fe'i ganwyd yn Neau Cymru,
          En Sud Galles où il fut né.

SIWAN :   Ai Cymru ai Ffrainc yw Caerllion?

ALIS :   Pan edrycha'i ar Wilym Brewys.
          Mor ifanc a hoyw a chwerthinog,
          Ail Trystan y gwela' i ef   . . .
             (*Siwan yn rhoi bonclust iddi*)
          Ma dame . . . . Be' dd'wedais i oedd o le?

SIWAN :   'Orffennaist ti 'ngwallt i, eneth?

ALIS :   Sbïwch y drych pres, *ma dame*,
           Dwy bleth fel Esyllt ei hunan.
           Mae 'ngwefus i'n gwaedu lle y trawodd eich
                modrwy.
SIWAN :   Bydd ei flas yn ffrwyn i'th dafod.
           'Roist ti'r gwin a adewais i i geidwaid fy
                mhorth?
ALIS :   'Welsoch chi monynt wrth ddychwelyd?
SIWAN :   'Roedd y ddau'n cysgu'n braf,
           Un bob ochr i'r drws.
ALIS :   Ceidwaid y porth yn cysgu?
           'Gaf i eu deffro nhw?
SIWAN :   Pa raid? Gad iddyn' nhw gysgu
           Ac yfory'n galan Mai.
ALIS :   Mae hi eisoes yn galan Mai.
           Bydd y llanciau a'r llancesi draw ar y bryniau
           Yn dawnsio law yn llaw o gwmpas y fedwen
           Ac yna'n diflannu'n ddeuoedd
           Cyn ei dwyn hi i'r hendre gyda'r wawr.
           Mae llanciau'r wlad yn cael hwyl hefyd, *ma
                dame.*
SIWAN :   'Fuost ti gyda'r llanciau, Alis?
ALIS (*isel chwerthin atgofus*) :
           Wrth gwrs, yn bymtheg oed . . .
           'Fuoch chi ddim erioed dan y fedwen?
SIWAN (*yn sydyn chwerw*) :
           Merch i frenin oeddwn i. Yn bymtheg oed
           Mam i dywysog a llysgennad Aberffraw.
           Rhoddais fy nghroth i wleidyddiaeth fel pob
                merch brenin.
ALIS :   Mor llonydd yw'r coed; 'chlywa' i mo sŵn
                y môr,
           Rhaid bod Menai ar drai.
           Mi daflwn i faich brenhines
           Ar noswyl Glamai fel hon.
SIWAN :   'Wyddost ti ddim be' 'rwyt ti'n ei ddweud.
           Cymer dy ganwyll a dos i'th stafell a'th wely.

37

'Fynna' i ddim cysgu am dro.
Mi guraf y llawr os bydd arna'i d'eisiau di.

ALIS : Nos da a Duw gyda chi, *ma dame.*

SIWAN : Duw a Mair i'th gadw, nos da.

(*Mae Siwan yn isel-ganu "Pour la reine qu'il aima". Exit Alis. Curo ar y drws, ddwywaith. Siwan yn agor i Gwilym Brewys.*)

GWILYM : Arglwyddes?

SIWAN : Gwilym? Tyrd i mewn. (*Mae hi'n cau'n araf*)

GWILYM : Fe gedwaist dy forwyn yn hir a minnau'n disgwyl.

SIWAN : Heddiw, pan ddaw golau dydd, bydd fy mrawd yn hwylio i Ffrainc.

GWILYM : Henri? Brenin Lloegr?
Wel, beth yw hynny i mi?

SIWAN : Hogyn wyt ti o hyd.

GWILYM : 'Rwy'n bump ar hugain oed ac yn dad i bedair o ferched.

SIWAN : 'Wela' i monot ti fyth ond yn grymffast o hogyn a glwyfwyd
A'i ddal yn garcharor rhyfel a'i ddwyn yma i'w dendio,
Fy llanc tragwyddol i.

GWILYM : Beth am dy frawd y Brenin,
Pa ots os â ef i Ffrainc?

SIWAN : Dim ond mai dyna'r pam
Y cedwais i'r forwyn braidd yn hir.

GWILYM : I rwystro i mi ddyfod yma?

SIWAN : Gwely Llywelyn yw hwn. Mae perigl yma.
Pe gwelsai Ednyfed Fychan neu un o'r Cyngor
Di'n dianc o'r lawnt a'r ddawns, a dweud wrth y T'wysog,
Pwy ŵyr, a'r Brenin yn Ffrainc, pa ddrwg na wnâi?

GWILYM : Paid ag ofni. 'Welodd neb fi'n dyfod.
'Roedd ceidwaid porth dy stafell hwythau'n cysgu.
Ai ti a gymysgodd eu gwin?

38

SIWAN :   Rhag ofn, a thithau mor ehud.

GWILYM :   'Raid iti ddim pryderu; 'rwy'n un o'r teulu
            ers tro.

            Merch i ti a'r T'wysog yw'r wraig weddw fy
            llysfam,

            Rhoisoch ferch i'm cefnder yn wraig.

            Rhoddaf innau'n awr ferch i'th fab.

            Rhaid ein bod ni'n perthyn rywsut?

SIWAN :   Trueni nad yw'r ferch yn hŷn.

GWILYM :   Isabela? Mae hi'n wyth oed.

            Tair oedd ei chwaer pan gymerodd fy nhad
            hi'n wraig.

SIWAN :   Ail wraig oedd Gwladus Ddu. 'Roedd gan dy
            dad etifedd.

            Os priodir Isabela eleni bydd eto chwe blynedd

            Cyn y daw hi yma at Ddafydd;

            Ni all fod aer i Aberffraw am flwyddyn wedyn.

            Mae hynny'n hir; mae'n berigl i bolisi Aber-
            ffraw

            A'r Tywysog eisoes yn saith a hanner cant
            oed.

            Mi hoffwm ddal mab fy mab, etifedd
            Llywelyn,

            Uwchben y bedyddfaen yn goron ar waith
            fy oes.

GWILYM :   Mae gan Ddafydd gariadon.

SIWAN :   Ble'r aeth dy fennydd di, Gwilym?

            Mae cyfnod hapus Gymreig plant llwyn a
            pherth

            Ar ben i deulu'r Tywysog. Pam y poenais i

            I gael gan y Pab fy nghydnabod innau'n
            gyfreithlon

            Ond i sefydlu llinach Aberffraw o dad i fab,

            Fel ach Iwl Cesar, yn olyniaeth frenhinol
            ddi-nam?

GWILYM :   Mae gan Ruffydd feibion.

SIWAN :   Gruffydd? Mab yr ordderch, Tangwystl?

GWILYM :   Mab y Gymraes.

SIWAN :   *Touchée.* Mi wn.
              Ugain mlynedd yn ôl fe'i rhoddais yn wystl
                  i'm tad
              Gan hyderu yn null fy nhad o drafod gwystlon.
              Fe'm siomwyd i. Oes, mae gan Ruffydd
                  feibion;
              Dyna'r pam y dylai fod brys i roi mab i
                  Ddafydd.
GWILYM :   'Fynni di mo'r briodas?
SIWAN :   Y Tywysog biau penderfynu. O ddau bwrpas
                  priodas
              P'run sy bwysica', diolgelu ffiniau'r deyrnas
              Neu sicrhau mab yn etifedd? Mae'r teulu'n
                  hir-hoedlog;
              Os caiff Dafydd einioes ei dad fe geir y ddau
                  nod.
              Un wers wleidyddol a ddysgodd Llywelyn i
                  mi,
              Mai amynedd yw amod llwyddo . . . Mae
                  amynedd yn anodd i mi.
GWILYM :   A pha wersi a ddysgaist ti iddo ef?
SIWAN :   'Rwyt ti'n briod a chennyt nythaid o ferched;
                  fe wyddost
              Nad oes gan wraig ddim i'w ddysgu i'w gŵr.
GWILYM :   Dos o'na i gyboli. Pa arglwyddes o wraig
                  gyffredin
              Sy'n brif weinidog a llysgennad gwlad
              Ac yn cerdded neuaddau brenhinoedd fel
                  Helen o Droea?
SIWAN :   Dyna 'nihangfa i. Cefais gyda'm gwaed
              Egni nwydwyllt fy nhad. Rhag chwalu
                  'mywyd
              Mi ymdeflais i waith gŵr ac i waith fy ngŵr.
GWILYM :   'Glywaist ti be' 'dd'wedir amdanat yn llys-
                  oedd Morgannwg a'r Mers?
              Mai arglwyddiaeth Ffrengig yw Gwynedd ac
                  mai dy waith di yw hynny;

Y cyntaf o'i lin, 'roes Llywelyn na mab na merch

Yn briod i Gymro na Chymraes, ond pob un i arglwyddi o Ffrainc.

Fe ffurfiaist dy Dywysog yn un ohonom ni,

A dysgu i'r Cymry wrhau.

SIWAN : Paid â'm dychryn i heno, Gwilym. Cystal iti ddweud

Fod Llywelyn yn fy ngharu i fel ti. Canys serch sy'n newid dynion.

GWILYM : Ti yw'r gwleidydd llwyddiannus cynta' a gefais i'n ddeallus, Siwan.

SIWAN : 'Does dim lle i anhrefn serch mewn llywodraeth teulu a gwlad.

Unwaith erioed y gedais i i'm calon ymyrraeth â pholisi.

GWILYM : A pha bryd y bu hynny, wraig bwyllog?

SIWAN : Pan drefnais i briodas

Etifedd Aberffraw a merch Gwilym Brewys wyllt.

GWILYM : Y peth gorau a wnest ti erioed, dywysoges falch.

SIWAN : Y gwaetha' crioed os na chaiff Dafydd fab.

GWILYM : 'Rwyt ti'n fy syfrdanu i, Siwan.

SIWAN : Sut hynny, lanc?

GWILYM : Fe wyddost pam y des i yma?

SIWAN : I drefnu priodas dy ferch a Dafydd fy mab.

GWILYM : 'Wyddost ti pam y mynna' i'r briodas?

SIWAN : Pam y mynnodd dy dad? Pam dy gefnder yng Ngŵyr?

Buellt, Elfael, Brycheiniog,—oes angen esbonio?

Priodi etifedd Aberffraw yw cyplau dy dŷ.

GWILYM : Siwan, dyna'r pethau a dd'wedir wrth fargeinio yn y Cyngor.

'Dyw hynny'n ddim gennyf i.

41

SIWAN :	Paid â siarad yn ynfyd. 'Does gennyt ti eto ddim mab.
	'All pedair hogan ddim cadw Brycheiniog yn un.
	A gaf i drefnu priodasau i'r tair sydd ar ôl?
GWILYM :	Nid i siarad am wleidyddiaeth y des i i'th stafell di heno.
SIWAN :	Gyda thi, mae siarad am wleidyddiaeth yn amddiffynfa i mi.
GWILYM :	Pa amddiffyn sy raid iti wrtho?
SIWAN :	Credu fod fy mywyd i'n werth ei fyw.
GWILYM :	Oes arnat ti ofn y gwir?
SIWAN :	Nid ofn y gwir, ond ofni, hwyrach, ei glywed;
	Gellir stablu peth yn y meddwl sy'n wyllt yn y glust.
GWILYM :	'Dwyf i ddim yn ddychryn iti, Siwan?
SIWAN :	Nag wyt ddim oll; ond mae ynof i fy hun
	Bethau'r wyt ti'n eu deffro sy'n ddychryn imi.
GWILYM :	Y pethau sy'n gwneud bywyd yn bêr.
SIWAN :	Y pethau sy'n gwneud byw yn chwerw,
	Pethau a fu'n fud ac a guddiais i o'm golwg fy hun,
	Am nad oedd gennyf gyfran ynddynt, am fy mod i yma'n
	Alltud, a'm hunig werth yw fy ngwerth i gynnydd gwlad.
GWILYM :	Fe wyddost felly pam y des i i drefnu'r briodas?
SIWAN :	Os gwn i? . . Na, 'wn i ddim . . 'All hynny fyth fod.
	Dau beth ar wahan yw busnes a phleser, Gwilym.
GWILYM :	Pleser? Nid pleser yw'r serch a rois i arnat ti.
SIWAN :	'Dyw dy weniaith di ddim yn hedfan yn ysgafn heno.
	Ai am fy mod i'n rhy hen mae dy serch di'n boen?
GWILYM :	Nid i gellwair a thestunio y des i yma.

SIWAN : 'Wyt ti'n cofio 'mod i ddeng mlynedd yn hŷn
         na thi
         Ac yn fam i bedwar o blant? Nid cellwair yw
         hynny.
         'Dyw Dafydd fy mab ddim ymhell o'th oedran
         di.

GWILYM : Deg oed oeddwn i ym mhriodas fy nhad yn
          Henffordd
          Pan welais i di, Dywysoges, gynta' 'rioed
          Yn arwain y baban-briodferch Gwladus Ddu
          A thyrfa'r eglwys yn arllwys rhosynnau o'th
          flaen.
          'Thorrais i ddim gair â thi, 'fedrwn i ddim,
          'Roedd fy nghalon yng nghorn fy ngwddw a
          minnau heb ffun.
          Ond cipiais un o'r rhosynnau 'fu dan dy droed
          A hwnnw fu 'ngobennydd i'r noson honno,
          Golchais ei ddail â chusanau hapus llanc.
          Wedyn 'welais i monot nes dyfod yma'n
          Garcharor, wedi fy nghlwyfo, a'm pris yn bris
          gwlad.
          'Roedd fy nghlwyf yn ysgafn ond fod
          twymyn arnaf,
          A minnau'n troi a throsi ar wely anniddig;
          Yna daethost tithau yng nghanol dy forynion
          A'th gerdded araf fel ym mhriodas Henffordd
          At ben fy ngwely, a phlygu,
          A dodi dy ddwy wefus ar fy min.
          Llewygais—

SIWAN :   Rhoddaist fraw inni i gyd.

GWILYM : Fe wyddost nad fy nghlwy fu'r achos.

SIWAN :   Sut
          Y gallwn i wybod hynny y noson honno?

GWILYM : Bu'r cusan hwnnw yn dynged fel cusan
          Esyllt—

SIWAN :   Taw, Gwilym, paid â son am bethau anhapus.
          Mae stori Trystan ac Esyllt fel hunllef heno.

43

GWILYM : Nid hunllef fu wythnosau fy adferiad,
Y marchogaeth wrth dy ochor a gwin yng
nghreigiau Gwynedd,
Y canu ar ôl cinio p'nawn. 'Roedd neuaddau
Arfon
Fel darn o fwynder Toulouse y dyddiau hynny.
Ac yna'r dawnsio a'r carowsio'r nos,
A'r fel y troes dy gusan o gusan cwrteisi
Yn rhagbraw ac addewid am hyn heno.

SIWAN : 'Wyt ti'n cofio canu awdlau Hywel ab Owain?

GWILYM : 'Fedrwn i mo'i goelio fe!
Fod ewyrth i'r gŵr busnes craff, Llywelyn,
Yn canu o gaer wen ger ymyl Menai
Gerddi mor sidanaidd â'r Arabiaid.
Dyna'r noson y rhoist ti fflam yn dy gusan
gynta'.

SIWAN : Trannoeth dychwelodd Llywelyn gyda phrid-
werth dy bwrcas.

GWILYM : Mae dawn dychwelyd annhymig ganddo
druan.

SIWAN : 'Chawsom ni ond wythnos ofalus wedyn.

GWILYM : Dyna'r pam y des i'n ôl. Trefnais gyda'r
Tywysog
Y gynghrair a'r briodas hon er mwyn
Dychwelyd atat ti, dy feddiannu di, a heno.
Siwan, fe wyddit ti hynny.

SIWAN : Na, wyddwn i ddim. 'Feiddiwn i mo'i wybod.
'Chredwn i ddim y rhoit ti
Dy gastell ym Muellt a'th ferch, gwystlon go
fawr—

GWILYM : Mi rown fy nheyrnas i gyd am y noson hon
gyda thi.

SIWAN : Dy gyfoeth i gyd? Fel Fransis y Brawd Llwyd?
Mae serch a sancteiddrwydd mor wallgo
afradlon â'i gilydd
A'r ddau yn dirmygu'r byd.

GWILYM : 'Wyt tithau'n dilyn y ffasiwn a'r sant newydd?

SIWAN :	'Roedd hwn yn pregethu i'r bleiddiaid. Dyna'r sant i ti.
GWILYM :	Mi glywais fod Ffransis Yn ifanc, yntau'n hapchwarae ac yn mentro'n rhyfygus; 'Rwy'n hoffi'r gwŷr sy'n medru rhoi'u bywyd ar hap A cholli mor siriol â'r gog. Os un felly oedd Ffransis, Wel, dyna'r sant i mi.
SIWAN :	Mi weddïaf arno drosot Iddo eiriol am dy amddiffyn di rhag hap.
GWILYM :	Ond nid rhag heno. Mae Ffortiwn heno'n angel; Mi drof at weddïau Ffransis pan gollaf i Ffortiwn a thi.
SIWAN :	'Rwyt ti'n caru perigl ormod; mae rhyfyg dy gellwair Yn gyrru arnaf i, sy'n wraig galed, ofn amdanat.
GWILYM :	Rhaid fy nghymryd i, Siwan, fel yr wyf; er yn blentyn Hela, hapchwarae a rhyfel fu f'elfen i ; Fel yna mae gwasgu grawnwin bywyd a phrofi Ias y blas ar daflod y genau'n llawn.
SIWAN :	Ai un o'r grawnsypiau ydw' i?
GWILYM :	'Wn i ddim ar fy llw. Mae blas pethau'n bwysig i mi. Mae dy flas di Yn flys ac yn drachwant anesgor sy'n boen ac yn bêr.
SIWAN :	'Soniaist ti wrth rywun yn llys fy mrawd am hyn?
GWILYM :	Wrth bwy y gallwn i sôn?
SIWAN:	Nac wrth neb mai fi A awygrymodd Wyliau'r Pasg i drefnu amodau'r briodas?

GWILYM: Do, efallai; mi dd'wedais hynny
Wrth Hubert y Canghellor a holai'r amodau
i'r Cyngor.
Pa 'ots am hynny heno, Siwan?

SIWAN: Pa ots?
Dim ond bod Hubert de Burgh yn sarff llawn
gwenwyn
A bod Llywelyn fy mhriod gydag ef echdoe.
Fe ddaw'n ôl a gwenwyn Hubert rhwng ei
ddwy glust.

GWILYM: Ped ofnai Llywelyn y gwaethaf, gwladweinydd
yw ef,
Fe gadwai ei lid nes cael gen' i'r castell ym
Muellt,—
'Rwy'n 'nabod y Tywysog.

SIWAN: Dyna fwy nag a dd'wedwn i
Sy'n briod iddo ers chwarter canrif, mi gredaf;
Gall tywysog a gwladweinydd deimlo fel dyn.

GWILYM: Gad lonydd iddo. Fe roddaist heno i mi.

SIWAN: 'Rwy'n rhoi heno i ti. Heno, 'rwy'n rhoi
Myfi fy hunan i ti,—yng ngwely fy ngŵr.

GWILYM: Fe wyddost fy mod i'n d'addoli.

SIWAN: Gwraig briod ganol oed?

GWILYM: Unbennes a thywysoges o lin brenhinoedd,
'Roes oed mo'i farc ar dy dalcen nac ar dy
gorff.
All cyfri'r blynyddoedd ddim cyffwrdd â'm
haddoliad i.

SIWAN: Na all heno, pe na bai ond heno'n bod.
'Rwy'n fy rhoi fy hun iti am heno, Gwilym
Brewys.

GWILYM: Bydd heno'n ddigon heno, a heno i mi yw
byth,
Fedri di mo 'ngharu i, Siwan?

SIWAN: 'Wn i ddim eto. Heno mae ildio'n ddigon.
Yfory, pwy ŵyr? Efallai y'th garaf di yfory
Pan na fydd heno hwyrach ond atgof a hiraeth.

46

GWILYM:	Ti dy hun a'm galwodd i atat heno.
	Ti a roes y pabi yng ngwin gwylwyr dy borth.
SIWAN:	Fi fy hunan, yn unig. Fy rhodd i iti yw heno.
GWILYM:	A pham, Siwan? Pam, fy rhoddwr mawr?
SIWAN:	Am dy fod di'n cofio blas pethau
	A bod blas yn darfod mor fuan;
	Am iti chwerthin ar berigl
	A bod bywyd ar antur mor frau;
	Am fod dy orfoledd di yn fy ngallu
	A bod rhoi i ti d'orfoledd yn bêr.
	Am ei bod hi'n awr yn galan Mai.

(*O bell clywir lleisiau dau wyliwr ar y muriau'n galw:*

DAU AR GLOCH
DAU AR GLOCH
POPETH YN DDA

GWILYM:	Gwrando ar y gwylwyr, Siwan;
	Mae hi'n Glamai a phopeth yn dda.
SIWAN:	Yn Glamai a phopeth yn dda.
GWILYM:	Mae'r gwely'n ein gwahodd ni, Siwan.
SIWAN:	Tyr'd at y ffenestr gynta'
	I anadlu tynerwch yr awel.
	'Rwy'n rhoi i'm pum synnwyr heno ryddid
	i fod wrth eu bodd.
	'Weli di'r lleuad ar ei gwendid
	Yn machlud dros fforest Môn
	A Menai yn y cysgod o'r golwg yn fud,
	'Chlywa'i mo'i thon hi ar y traeth.

(*Clywir am funud ymhell sŵn pedolau meirch*).

GWILYM:	'Glywi di sŵn yn y pellter fel carlamu meirch?
SIWAN:	Ebolion gwylltion efallai; fe'u ceir ar y bryniau isa'.
GWILYM:	Nage, sŵn pedolau.
SIWAN:	'Chlywa' i ddim.
GWILYM:	Na minnau'n awr. Fe beidiodd. Rhyfedd hefyd,
	Mae 'nghlust i'n bur ddi-ffael i sŵn ceffylau.

SIWAN: Dyna gwmwl yn cuddio'r lleuad. Edrych ar y
dde ymhell,
Dacw'r Haeddel a Seren y Gogledd
Ac Actwrws fawr ar eu hôl,
Mi hoffwm i eu clywed hwy'n canu
Wrth droi ar y gwydr uwchben,
Mae'n nhw'n dweud fod plant bach yn eu
clywed wrth gysgu
Ac yn gwenu wrth y sain yn eu hun.

GWILYM: Onid Mars, y blaned, sydd acw?
Dan Mars y'm ganed i.

SIWAN: "Coch eu lliw yn llunio rhyfel,
Ni bydd Mars na'i phlant yn dawel."

GWILYM: "Dychryn pobloedd, cryfder Natur,
I'w gelynion nid oes gysur."
(*Chwarddant. Clywir cyfarth ci mawr beth
ffordd oddi wrthynt.*)

SIWAN: Beth oedd hwnna?

GWILYM: Rhyw gi'n cyfarth draw wrth y porth. Un o
gŵn y gwylwyr.

SIWAN: Gelert?

GWILYM: Pa Gelert?

SIWAN: Bytheiad Llywelyn. 'Rwy'n 'nabod ei lais.

GWILYM: 'All hynny ddim bod. Fe gymerodd y ci gydag
ef
I hela fforest y Brenin ar ei ffordd adre.
Dyna iti gi! Fe'i gwelais yn neidio ar ôl hydd
O glogwyn i glogwyn â llam nas meiddiai'r
un march.

SIWAN: Mae'n beth od. 'Rwy'n siŵr o gyfarthiad
Gelert.

GWILYM: Yn y nos mae'n hawdd camgymryd,
Mae syllu i wyll y nos yn codi bwganod.
Yn y blaenau yn Ffrainc nos glamai
Bydd dewinesau'n hedfan drwy'r awyr a'r
cŵn yn cyfarth.
Sut nad oes dewinesau yma yng Nghymru?

'Chlywais i 'rioed am Gymraes
Ar ei phraw mewn llys esgob am garu gyda
    diafol.

SIWAN: Yng Nghymru mae'r gwŷr yn fwy dengar, yn
    enwedig plant Mars.

GWILYM: Siwan, fy rhoddwr mawr, mae'r canhwyllau
    'ma'n darfod
A'r gwely brenhinol yn gwahodd;
A ga' i 'ngorfoledd cyn dyfod y t'wyllwch
    arnom?

SIWAN: Ust! Gwrando!

GWILYM: 'Chlywa' i ddim byd.

SIWAN: Draw wrth y porth, sŵn pobl yn symud
Fel petai rhywun yn cyrraedd.

GWILYM: Dychymyg, dychymyg. Mae sŵn ym mhob
    caer frenhinol
Bob awr o'r nos. Ti sy'm moeli dy glustiau
    heno.

SIWAN: Tybed? Gobeithio—Ust! Eto!
    (*Clywir drws trwm yn agor a chau hanner
    canllath oddi wrthynt*)

GWILYM: Porth y gaer yw hwnyna yn agor a chau.
    Mae'r milwyr
Yn newid eu gwyliadwriaeth. Paid ag anes-
    wytho.

SIWAN: 'Dyw'r milwyr wrth newid eu tro ddim yn
    agor y ddôr.
Mae rhywbeth ar droed. Mi glywa' i ddynion
    yn rhedeg.
Sbïa! Dacw ffaglau'n symud a'r cwrt yn llawn
    o gysgodion.

GWILYM: Tybed? Tybed?
    (*Clywir sŵn arfau pres yn taro a thraed
    milwyr*)

SIWAN: Beth yw hyn yna, Gwilym?

GWILYM: (*wedi ei argyhoeddi o'r diwedd*):
Arfau a milwyr o amgylch y tŵr hwn.

'Rwy't ti'n iawn, Siwan, mae rhywbeth ar gerdded.

Mi gymeraf gannwyll i weld 'ydy' milwyr dy borth di'n symud.

SIWAN: 'Oes gennyt ti gleddyf, Gwilym?

GWILYM: Na chleddyf na chyllell na dim. 'Fydda' i ond eiliad

Yn disgyn y grisiau i'r porth.

(*Mae Gwilym yn sefyll wrth y drws a'r gan-wyll uwch ei ben; yna sŵn utgorn mawr yn cy-hoeddi'r Tywysog*)

SIWAN: Mae o yma! . . . Gwilym, mae Llywelyn yn y gaer.

GWILYM: Ac ugain o filwyr arfog o gwmpas y porth oddi tanom.

Cynllwyn yw hyn. Fe'n bradychwyd ni, Siwan,

Mae'r trap wedi cau a ninnau'n sbïo ar y sêr,

Ac y mae ôl llaw cadfridog ar y gamp.

SIWAN: Oes modd iti ddianc rhwng pyst y ffenestri?

GWILYM: Mae pob un yn rhy gul. Ble mae stafell y morynion?

SIWAN: Oddi tanodd ar ochor dde'r porth.

GWILYM: 'Does dim uwchben?

SIWAN: Llwyfan y tŵr. Mae'r drws ar glo.

GWILYM (*gan chwerthin yn dawel*):

'Does dim y gellir ei wneud. Rhaid croesawu'r Tywysog i'w stafell.

A barnu wrth y twrw 'fydd e' ddim yn hir.

Rhaid i'n croeso ni fod yn syml a diffwdan.

(*Clywir tramp milwyr yn agos a sŵn tariannau a ffyn*)

SIWAN: Tyr'd ar y gwely i'm breichiau. 'Rwy'n fy rhoi fy hun iti, f'anwylyd.

(*Taro'r drws yn agored a rhuthro* LLYWELYN *i mewn a milwyr arfog gydag ef*)

LLYWELYN: Rhwygwch y llenni . . Dyma fo . . .

Deliwch o, Rhwymwch ei ddwylo a'i freich-iau.

GWILYM: 'Does dim rhaid. Paid â gwylltio. 'Does gen'
i na dagr nac arf.

LLYWELYN: Rhywmwch o . . . Dodwch o ar ei draed . . .
Gwilym Brwys, deliais di gynt mewn brwydr;
Yn garcharor rhyfel cefaist gen' i groeso
cwrteisi,
Rhyddid fy llys a chynghrair a thrin dy glwy-
fau.
Dyma'r talu'n ôl, gwneud putain o Dywysoges
Abcrffraw
A minnau'n gwcwallt i greu sbri yn llysoedd
y Ffrainc.

GWILYM: Rhetoreg balchter wedi'i glwyfo yw gweiddi
putain a chwcwallt.
R wy'n caru Tywysoges sy'n briod fel
cannoedd o arglwyddi Cred,
Mac'r pcth fel twrnameint yn rhan o fywyd
iarll.
Deliaist fi ar dy wely. O'r gorau. Mi dala' i
iawn dy sarhad,
Mi dalaf ddilysrwydd dy wraig,
Heblaw rhoi'r castell ym Muellt a'm merch
i'th fab.

LLYWELYN (gan chwerthin yn chwerw):
Talu iawn am sarhad? Llanciau digri yw ar-
glwyddi'r Ffrainc.
Fe gostiodd dy ryddid 'nôl brwydro an-
rhydeddus
Draean dy gyfoeth, Gwilym Brewys.
'All dy gyfoeth i gyd ddim talu iawn am heno.
Mi gymeraf dy gastell ym Muellt. Mi gymeraf
dy einioes dithau.

GWILYM (yn dawel):
Dyna fwy nag a feiddi di. Mae dy ddicter di,
Arglwydd,
Yn peri iti golli dy bwyll. Fe godai pob barwn
Yn Ffrainc a Lloegr a'r Mers yn erbyn dy
drais
A gadael dy deyrnas yn sarn.
51

LLYWELYN:	Pe codai'r Pab A'r holl Gristnogaeth i'm herbyn, mi fynnaf dy fywyd.
GWILYM:	Ai dyna fel y mae hi? Oho! Oho! Felly nid dy falchder a frifwyd nac urddas tywysog! Dim ond cynddaredd cenfigen! F'Arglwyddes Siwan, Pa dywysoges arall sydd yn Ewrop oll A'i gŵr priod—
LLYWELYN:	Caewch ei geg o, filwyr, Clymwch ei safn â chadach. (*Chwerthin y mae Gwilym tra bônt yn tagu ei lais. Nid oes dim malais yn ei chwerthin*)
SIWAN:	Fy arglwydd, 'gaf i ofyn iti gwestiwn?
LLYWELYN:	Ti?
SIWAN:	Echdoe ffarweliaist â'm brawd y Brenin ar ei ffordd i Ffrainc?
LLYWELYN:	Dy frawd y Brenin? 'Beth amdano fo?
SIWAN:	Ai wedyn, gan Hubert de Burgh, y clywaist ti am hyn?
LLYWELYN:	Ac os gan Hubert, ai llai dy buteindra di?
SIWAN:	Mae Trefaldwyn yn ei feddiant a gwlad Erging Ac ef piau Aberteifi a Chaerfyrddin.
LLYWELYN:	Ai dyma'r foment i adrodd cyfoeth Hubert?
SIWAN:	Gwyddost mor fregus yw iechyd iarll Caer- loyw: Os bydd ef, Gilbert, farw, fe syrth Morgannwg Yn gyfan i afael Hubert. Bydd ganddo yng Nghymru Deyrnas nid llai na Gwynedd.
LLYWELYN:	*Ma dame*, nid cyngor sydd yma, Ond brad, aflendid, halogiad fy ngwely a'm gwraig.
SIWAN:	Mae Brewys heb aer. 'Does neb ond ef yn sefyll rhwng Hubert a Gwynedd, Neb ond efô rhwng Hubert a Dafydd dy fab.

LLYWELYN: Neb ond efô. Dyna fo, dy ddewis di.
Na, 'chei di mo'th ddewis.

SIWAN: Os lleddir Gwilym bydd rhannu ar stadoedd
Brewys,
Bydd y ffordd yn agored i Hubert ymosod ar
Wynedd.
Ai i lwyddo cynlluniau Hubert y rhuthraist
ti adre?

LLYWELYN: *Ma dame*, mae dy ofal amdana 'i heno'n eglur.

SIWAN: Nid hawdd ymddiosg o ddisgyblaeth chwarter
canrif.

LLYWELYN: 'Roedd yn hawdd diosg dy ddillad a thaflu dy
burdeb i'r moch.

SIWAN: Gwnes gam â thi. 'Rwy'n cyfadde. Ond
dadleuaf yn awr
Dros dy deyrnas a theyrnas Dafydd.

LLYWELYN: A fynni di brofi mai er eu mwyn hwy
Y cymeraist ti'r cnaf hwn i'r gwely atat?

SIWAN: Mi fynnwn iti ymbwyllo. 'Wela' i ddim
Fod rhoi cyrn am dy ben yn rheswm dros dynnu
dy ddannedd.

LLYWELYN: Nid digon gennyt odineb. Collaist hefyd
gywilydd.

SIWAN: Ffrances wyf i a merch Brenin,
Mae'r angerdd moesol Cymreig yn ddi-
chwaeth gen' i.
Dos i bregethu i Dangwystl yn Nolwyddelan.

LLYWELYN: Ffrances i Ffrancwr, ai e? Dyna dy awgrym?

SIWAN: 'Rwy'n amddiffyn llafur dy oes yn erbyn
munud gwallgofrwydd.
Mae bywyd Gwilym Brewys o bwys i'th
deyrnas.

LLYWELYN: Mae bywyd Gwilym Brewys yn dda gennyt ti.

SIWAN: Wel, ac os felly?

LLYWELYN: Os felly, caiff farw.

SIWAN: A'th deyrnas, ac etifeddiaeth Dafydd dy fab?

LLYWELYN: I gythraul â'r deyrnas a thithau. Mi gollais fy
ngwraig;
Cei dithau golli dy gariad.
SIWAN: 'Feiddi di mo'i ladd ef.
LLYWELYN (*wrth y milwyr*):
Cymerwch ef i'r gell.
SIWAN: Fe ddaw fy mrawd y Brenin o Ffrainc,
'Feiddi di ddim.
LLYWELYN: Caiff grogi fel lleidr pen ffordd.
SIWAN: Gwilym!
LLYWELYN: Caiff grogi.
(*Mae Siwan yn rhedeg tuag at Gwilym.
Llywelyn yn ei tharo hi yn ei hwyneb i'r llawr.*)
LLYWELYN: 'Feddyliais i 'rioed dy daro di . . Cymerwch
ef ymaith . . .
Cymerwch hithau a'i chloi yn llofft y twr.

LLEN.

54

ACT II.

Llofft tŵr yw carchar SIWAN. *Oddi allan ac
oddi tanodd clywir sŵn morthwylio a llifio coed
a churo pyst â gordd weithiau yn ystod rhan
gyntaf yr act. Dechreua'r act drwy agor a chau
drws y gell a daw* ALIS *at wely* SIWAN.

ALIS: Ma dame, 'ydych chi wedi deffro?

SIWAN: Naddo. Chysgais i ddim.

ALIS: Ddim o gwbl? Ddim drwy'r ddwy noson,
          ma dame?

SIWAN: 'Dydw' i ddim wedi arfer â chadwyn haearn
          am fy ffêr
          Yn fy rhwymo â hual wrth fur a gwely.
          Mae'r gadwyn yn drom, Alis, y ffasiwn Gym-
          reig ar freichled;
          Teimlwch hi, clywch ei phwysau, pwysau
          digofaint tywysog.
          (*Mae hi'n llusgo'r gadwyn ar hyd y llawr*)

ALIS: Pwysau ei siom, *ma dame*,
          Mae ei siom ef yn ddwysach na'i ddig.
          'Ydy' hi'n brifo'n arw?

SIWAN: Mae hi'n brifo fy malchter gymaint
          Na chlywa' i mo'r boen yn fy nghoes.
          Mi orchmynnais fy hunan cyn hyn roi dynion
          yn y carchar
          Heb ddychmygu'r profiad erioed,
          Y sarhad sydd mewn cyffion am draed.

ALIS: D'wedodd y Tywysog na chedwir y gadwyn
          ond heddiw.

SIWAN: Pam heddiw ac nid ar ôl heddiw?
          'All heddiw newid fy myd?

ALIS: Mi alla' i esmwytho'ch byd. Mae gen' i win
          yma.

SIWAN: Ef a'th ddanfonodd di yma?

ALIS: I weini arnoch a gwneud eich negesau;
           Caf fynd a dyfod; fe roed gorchymyn i'r
                porthor.

SIWAN: Mae'r porthor yn fudan. Ddoe drwy'r dydd
           'Welais i neb ond y mudan hwn wrth y drws.

ALIS: 'All porthor mud ddim taenu straeon.

SIWAN: Na chario negesau o'r carchar.
           Dyna'r pam y dewiswyd mudan.
           Pan felly y caf i forwyn i wneud negesau yn
                awr?
           'Oes rhyw newid i fod ar fy myd?

ALIS: 'Gymerwch chi gwpan o'r gwin gwyn?
           (*Tywallt hi'r gwin i gwpan*)

SIWAN: Mae'r gwin yn chwerw; da hynny, mae
                syched arnaf . . .
           Ai'r trydydd o Fai yw hi heddiw?

ALIS: Ie'r trydydd, *ma dame*.

SIWAN: Deuddydd, dwy nos, a mudandod y gell,
           Mor bell yw calan Mai.
           'Gysgaist ti 'rioed yn unig mewn stafell, Alis?

ALIS: Naddo, *ma dame*, nid tywysoges wyf i.
           'Chysgais i 'rioed ond yn un o nifer ar lawr.

SIWAN: Mae unigrwydd carchar yn wahanol. 'Rwy'n
                synnu ato.
           Byd y meudwyaid, lle y mae'r tafod heb
                werth.

ALIS: 'Fuoch chi 'rioed yn siaradus, *ma dame*.

SIWAN: Naddo, mi wn. Bu bod heb ddim i'w ddweud
           Yng nghanol miri droeon i minnau yn faich.
           Nid fy nistawrwydd fy hun sy'n faich yma,
           Ond y muriau mud, y porthor mud, a'r an-
                sicrwydd.
           Ddoe yng ngolau'r dydd gallwn glywed am
                hydion
           Fy nghalon fy hunan yn curo yn fy nghlust
                gan bryder.
           Pa awr o'r bore yw hi, Alis?

ALIS: Y chweched awr.

SIWAN: Y chweched er canol nos. Rhown bedair ar
        hugain at hynny,
        Ac wedyn bedair ar hugain, bûm yma bron
        drigain awr.
        Mi glywais athro unwaith, disgybl i Awstin,
        yn dweud
        Nad oes amser yn y tragwyddoldeb. Gobeithio
        fod hynny'n iawn.
        Mae syllu i lygaid amser yn ̇gychwyn gwall-
        gofrwydd.ͅ
        Mewn amser mae amser i bopeth; 'does dim
        diogelwch,
        Ond bygwth fel y sŵn morthwylio 'na a
        gychwynnodd cyn y wawr.
ALIS: 'Dydych chi ddim wedi cysgu, *ma dame*, ddim
        ers tridiau,
        Nac wedi cyffwrdd â'r bwyd a anfonwyd
        atoch.
        'Does ryfedd fod eich nerfau chi ar chwâl.
SIWAN: Pam y'th ddanfonwyd di ataf y bore 'ma?
ALIS: I weini arnoch a bod wrth eich gorchymyn.
SIWAN: Y Tywysog ei hun a alwod amdanat?
ALIS: Ie, *ma dame*, fo'i hunan.
        Heb hynny 'chawn i ddim gan y porthor agor
        y drws.
SIWAN: Mae rhyw ddirgelwch yma. Fe dd'wedodd
        wrthyt
        Am fynd a dyfod a gwneud negesau drosof?
        A gei di gario neges o garchar i garchar?
ALIS: 'Wn i ddim am hynny, 'Ddywedodd o ddim
        am hynny.
SIWAN: 'Does gen i ddim neges arall . . . .
        Beth yw'r gwaith coed diddiwedd yna ar y
        lawnt?
ALIS: Rhyw waith milwrol. 'Wn i ddim yn iawn.
SIWAN: 'Welaist ti mono wrth groesi'r cwrt i ddod
        yma?

57

ALIS: Sylwais i ddim. Cefais siars i frysio.
        'Ydy'r gwin yn cynhesu, *ma dame*?
SIWAN: Dos at y ffenestr i edrych. Mae'r gadwyn
            yma'n
        Fy nghlymu i wrth y mur fel arthes wrth bost.
        Nid gast i'm baetio wyt tithau, fy merch.
        Pe gwelsai fy nhad, y Brenin, gadwyn ar fy
            ffêr . . .
        Be' mae'n nhw'n ei godi? Dos at y ffenestr i
            ddweud.
ALIS: Milwyr sy 'na, *ma dame*.
SIWAN: Mi wn mai milwyr sy 'na. D'wedaist hynny
            eisoes.
        'Fu milwyr erioed o'r blaen yn codi gwaith
            coed
        Ar lawnt y llys. 'All Gwynedd ddim mynd i
            ryfel
        Oblegid hyn. Nid gwaith rhyfel sydd yno.
        Dywed wrthyf beth y mae'n 'nhw'n ei godi.
ALIS: 'Does dim modd gweld yn glir drwy benillion
            y ffenest'.
SIWAN: Celwydd, ferch. Gelli weld y cwbl yn rhwydd.
        Bûm yn edrych drwy'r ffenestri fy hunan
            droeon cyn heddiw.
        Ateb, beth sydd ar droed?
ALIS: O peidiwch, *ma dame*, peidiwch â gofyn eto.
        Ar fy ngliniau 'rwy'n erfyn. rhowch gennad
            imi i fynd o'ma.
SIWAN: Druan fach, be' sy arnat ti? Paid â chrynu a
            chrio.
        Dywed yn dawel be' mae'n nhw'n ei wneud
            ar y lawnt.
ALIS: Crocbren, *ma dame*, crocbren.
SIWAN: Crocbren?
        (*Mae hi'n chwerthin yn anghrediniol*).
        Go dda. Llywelyn. Ai dyna fy nghosb?
        Mae dy ddicter di'n fwy nag y tybiais . . .
        Alis fach, paid â chrio am hynny.

ALIS: Nid it ti, *ma dame*, nid it ti—

SIWAN: Beth?

ALIS: Crocbren i Gwilym Brewys.

(*Mae Siwan yn syrthio i'r llawr mewn llewyg a llusgo'r gadwyn yn ei chwymp*)

ALIS: Porthor! Porthor!

(*Mae Alis yn rhedeg at y drws ac yn ei guro'n wyllt*)

Brysia, agor y drws, agor!

(*Agorir y drws a daw'r porthor mudan i mewn*)

Mae'r Dŷwysoges wedi syrthio mewn llewyg,

Tyr'd i'm heplu i'w chodi . . . .

Dyma hi . . Cymer di ei thraed . . .

(*Y maent yn gosod Siwan ar y gwely*)

Dos i 'nôl dysgl o ddŵr. Brysia . . .

Dysgl o ddŵr, 'rwyt ti'n deall?

(*Mae'r Mudan, wrth gwrs, yn cerdded yn drwm*)

Y chwys ar ei thalcen! 'Docs gen' i ond lliain y gwely . . . .

Dyma'r dŵr . . . .

(*Daw'r mudan â dŵr a chadach*)

Trocha'r gadach a dod hi ar ei thalcen . . .

Dyna fo . . .Mae hi'n dadebru . . *Ma dame, ma dame* . . .

Agorwch eich genau a phrofwch lymaid o'r gwin.

Dyna chi. Mae hi'n dwad ati ei hun,

'Dyw ei llygaid hi ddim yn troi yn ei phen . . .

Rhoisoch fraw inni, Arglwyddes . . .

Dos allan, borthor,

Mae hi'n amneidio arnat ti i fynd allan.

(*Exit y Porthor a chau'r drws a'i gloi; Mae'r sŵn gwaith tu allan wedi peidio*).

Mae o wedi mynd. 'Docs neb ond fi, *ma dame*.

SIWAN: 'Rwy'n iawn 'rwan . . . Nid ar y gwely y syrthiais i?

ALIS: Nage, yn rhonc i'r llawr.

Y porthor a minnau a'ch cododd chi ar y gwely.

SIWAN:	Mae arna' i g'wilydd.
ALIS:	'Dyw'r peth ddim yn syn A chithau heb na chysgu na bwyta ers tridiau, a'r sioc.
SIWAN:	'Fum i'n hir cyn dadebru?
ALIS:	Naddo, ychydig eiliadau. Pam?
SIWAN:	Fe beidiodd sŵn y morthwylio a'r ordd. 'Does dim wedi digwydd eto?
ALIS:	Dim oll, *ma dame*. Y funud hon a chithau'n dod atoch eich hun y tawodd o.
SIWAN:	Da hynny. 'Fynnwn i ddim dianc fel yna. Ydy'r gweithwyr wedi gorffen? Dos i weld.
ALIS:	Mae' nhw'n casglu eu celfi ac yn eistedd ar y lawnt.
SIWAN:	Hir pob aros, meddan' nhw wedi gorffen eu gwaith. Sut y condemniwyd ef? Gan lys yr ynad? Neu'r Tywysog ei hun?
ALIS:	'Roedd y cwbl ar ben erbyn canol dydd ddoe. Bu'r plas drwy'r bore fel porth cwch gwenyn yn suo O sibrydion, straeon, sisial, heb ddim yn siŵr, A gweision y Teyrn yn glasu a chrynu ar bob galw, 'Doedd ond gwyn eu llygaid i'w weld. Bu'r Esgob Cadwgan gyda'r Tywysog ben bore, Clywsom iddo ef amau mai drwy ddewiniaeth Y daethai'r Iarll ifanc atoch.
SIWAN:	Druan o'r Esgob trugarog, Lleddfu llid y Tywysog oedd ei fwriad.
ALIS:	A'i gysuro hefyd efallai.
SIWAN:	A phwy a ŵyr Nad dewiniaeth mohono? Mae rhyw nerth Fel nerth goruwch-naturiol yn yr ysgytiad; Mae'n dda i ddynion fod serch yn brin yn y byd.

ALIS:	Mae'ch pen chi'n gwaedu lle y trawsoch y mur.
SIWAN:	Bydd y gwaedu'n gostwng fy ngwres. Be' ddigwyddodd wedyn?
ALIS:	Wedyn fe alwyd y Cyngor.
SIWAN:	'Oedd fy mab i yno?
ALIS:	Na, fe'i danfonwyd i Geredigion ddoe.
SIWAN:	Da hynny. Sut y bu'r trafod?
ALIS:	Mae rhai yn dweud

I Ednyfed Fychan grefu am arbed ei einioes
Rhag ofn y sarhad i'r Brenin a holl arglwyddi'r Mers.
Pan fethodd hynny, dadleuodd dros dorri ei ben,
Dienyddiad barwn bonheddig. 'Wrandawai mo'r Teyrn;
Cosb lleidr a fynnai, a'i grogi liw dydd yng ngŵydd gwlad;
'Roedd dadlau ag o fel dal pen rheswm â tharan.
'Roedd Ednyfed Fychan ei hunan yn wyn pan ddaeth allan o'r Cyngor
Fel un a ddihangodd o fraidd rhag trawiad mellten.

| SIWAN: | Pa bryd y cyhoeddwyd y ddedfryd? |
| ALIS: | P'nawn ddoe, *ma dame*. Mae'r crogi i fod 'rwan y bore |

Cyn awr yr offeren. Fe'i cyhoeddwyd o borth eglwys Bangor
Cyn i'r farchnad gau yn y fynwent ddoe.
Mae tyrfa'n aros ers dwyawr tu allan i'r porth.

SIWAN:	Mae o'n gwybod?
ALIS:	Ydy'.
SIWAN:	Pa bryd y dywedwyd wrtho?
ALIS:	Bu'r Esgob Cadwgan gydag o neithiwr am awr.

Mae o gydag ef hefyd 'rwan.

| SIWAN: | 'Oes rhyw newydd amdano? 'Glywaist ti sut y mae o? |

ALIS:	'Chaiff neb fynd yn agos at ei garchar nac at
	y gwŷr
	Sy'n gweini arno. Mae'r marchogion a ddaeth
	gydag ef yma
	Hwythau dan glo tan heddiw. Ond neithiwr,
	ma dame,
	Wedi i'r esgob ei adael, mi gerddais yn ddirgel
	Heibio i seler y twr. Fe'i clywais yn canu.
SIWAN:	Beth a ganodd o, Alis?
ALIS:	Marie de France—
	Le roi Marc etait corrocié
	Vers Tristram, son neveu—
SIWAN:	'Welaist ti grogi erioed?
ALIS:	Do, wrth gwrs, *ma dame*, droeon,
	Gwylliaid a lladron. Fe'u gwelsoch chithau?
SIWAN:	Naddo erioed, fel mae'n rhyfedd dweud.
ALIS:	Gyda lladron mae'r peth yn siou
	Sy'n tynnu tyrfa fwy na ffŵl ffair,
	Ac os bydd ar y dyn ofn, fe geir sbri gystal â
	chroesan
	Wrth ei wthio i ben yr ysgol a rhoi'r rhaff am
	ei wddf
	A chlymu'r mwgwd am ei wyneb. Wedyn,
	Wrth gwrs, rhaid dweud afe'n dawel tra bo'r
	offeiriad
	Yn gwrando'i gyffes neu'n ei fendithio a'i
	groesi ;
	Ar ôl hynny bydd y gweiddi fel gŵyl fabsant.
	Mi welais fôr-leidr unwaith yn y Borth
	Yn cellwair ar yr ysgol ac yn yfed at y dorf
	Ac wedyn wrth hongian yn cogio dawnsio
	â'i draed.
SIWAN:	'Ydyn' nhw'n hir yn marw?
ALIS:	Rhai'n hir, rhai'n fuan.
	Bydd rhai'n rhoi sbonc â'u traed wedi hongian
	hanner awr,
	Mae'n dibynnu sut y teflir yr ysgol a sut
	Gwlwm sydd ar y rhaff.

SIWAN: Pwy sy'n taflu'r ysgol?.

ALIS: Y milwyr neu'r dienyddwyr oddi tanodd.

Mi glywais ddwcud, pe clymid y rhaff yn
sownd

A rhoi llam sydyn, y lladdai dyn ef ei hun

Ar eiliad. 'Welais i 'rioed mo hynny;

D'wedodd y ferch a'i gwelodd fod y naid

Yn gwthio'r tafod drwy dwll y genau heibio
i'r trwyn,

A chyn i'r sbonc ddarfod ac i'r traed lonyddu

Bydd asgwrn y cefn yn ddau. Mae'n well gan
y lladron

Syrthio gan bwyll i'r cwlwm; byddant wedyn

Yn ara' deg cyn gwasgu'r wyneb yn ddu.

SIWAN: Santaidd Fair, dyro iddo lamu fel Gelert.

(Sŵn utgorn milwrol a thabwrdd)

Dos at y ffenest', Alis, a dywed be' sy'n
digwydd.

ALIS: O *ma dame*, eich cariad chi ydy' o.

'Feddyliais i 'rioed weld crogi arglwydd gwlad

'Ddaeth yma i roi ei ferch yn briod i'r edling.

Mae o mor ifanc hefyd, yn tasgu llawenydd

O'i gwmpas fel ffynnon yn byrlymu o
chwerthin;

Rhoes gusan ar fy min drocon a goglais fy
ngên.

'Fydd llys Gwynedd fyth yr un fath ar ôl
heddiw.

(Clywir torf yn rhuthro gan weiddi—
ANGAU I'R FFRANCWR—
I GROGI A'R BREWYS).

SIWAN: Dos at y ffenestr, ferch, neu mi hollta' i'r
gadwyn hon.

ALIS: 'Fedrwch chi mo'i ddal o, *ma dame*.

SIWAN: Mi dd'wedais fod arna' i g'wilydd o'm gwen-
did gynnau.

Syrthia' i ddim mewn llewyg na gweiddi na
gollwng deigryn.

63

'Fydd y cwbl ond ychydig funudau. Mi af
　　drwy hyn gydag ef.
Mi benliniaf ar y gwely gerbron delw y grog.
Saf dithau lle y gweli orau.
　　(*Mae hi'n llusgo'r gadwyn ar y gwely*)

ALIS:　Y dorf sy'n gweiddi
　　Mae'r milwyr yn sgwâr 'rwan o gwmpas y
　　crocbren
　　A'r dyrfa'n dylifo o'u cylch.

Y DORF:　Angau iddo . . .
　　I'r crocbren â'r Brewys . . .
　　I lawr â'r Ffrainc . . .

ALIS:　Mor ffiaidd yw tyrfa. Mae'r olwg ar y Cymry
　　acw
　　Fel y darlun yn Eglwys Bangor o Ddydd y
　　Farn
　　A haid y colledigion a'r cythreuliaid.
　　On'd ydy'r wyneb dynol yn beth aflan?
　　Os yn dyrfa y safwn ni'n wir pan ddaw Dydd
　　Brawd,
　　Druain ohonom, Uffern fydd ein priod eis-
　　teddfod.
　　(*Tabyrddu isel i awgrymu cynhebrwng milwrol*)

ALIS:　Dyma gôr a chanonwyr Bangor yn cychwyn
　　o'r neuadd
　　Dan adrodd y litanïau yn eu gorymdaith.
　　Cawn eu clywed nhw'n awr wrth iddynt
　　basio'r twr.

CÔR:　*Omnes sancti Pontifices et Confessores orate pro eo.*
　　Sancte Augustine　　　　　*ora pro eo.*
　　Sancte Benedicte　　　　　*ora pro eo.*
　　Sancte Francisce　　　　　*ora pro eo.*

SIWAN (*yn isel*):
　　Sant Ffransis, gweddïa iddo gael ei ddwylo'n
　　rhydd
　　Er mwyn iddo fedru neidio.
　　Sant Ffransis a garai'r bleiddiaid, gweddïa
　　dros fy mlaidd.

Y DORF: Brewys i'w grog . . . .
           Crocbren i'r Brewys . . . .

Y CÔR: *Omnes Sancti et Sanctae Dei   Intercedite pro eo.*

Y DORF: Angau iddo . . .
           I'r cythraul ag o . . . I ddiawl ag o . . .

Y CÔR: *Propitius esto, parce ei, Domine.*

ALIS: Mae'r dorf yn wasgfa hyd at y muriau a'r
               porth,
           Anodd i'r milwyr eu dal yn ôl er eu taro â ffyn.
               (*Tabwrdd a sain utgorn*)
           Dyma swyddogion y llys, Ednyfed Fychan
               sy'n arwain.

SIWAN: Ydy' o yno?

ALIS: Y Tywysog? 'Does dim cadair iddo ar y lawnt;
           Rhaid felly nad yw'n dyfod. Na, 'dydy' o
               ddim gyda nhw.
           Fe all weld y cwbl sy'n digwydd o'i ystafell.
           Ednyfed sy'n llywyddu; fe'i gwelaf yn trefnu'r
               rhengoedd.
           Mae'r dorf yn dawelach yn awr dan ei lygaid
               ef . . .
               (*Tabwrdd eto a sain utgorn*)
           Dyma filwyr teulu'r Tywysog. Daw'r car-
               charor yn sydyn 'rwan;
           Mae milwyr y teulu'n ymdrefnu bob ochor i'r
               rhodfa
           O'r llys hyd y lawnt i warchod ffordd y di-
               henydd,
           Pob gŵr gyda 'i wayw a'i darian. Llath sydd
               rhwng gŵr a'i gilydd,
           Dwy lathen rhwng y ddwy reng . . .

SIWAN (*yn isel*):
           Mair, 'feiddia' i ddim gweddïo. 'Wn i ddim
               sut mae gweddïo.
           Gwna fargen dros bechadures, o Fam pecha-
               duriaid:
           Mi groesawaf garchar am oes os caiff ef neidio.

ALIS: Dyma'r chwe marchog o'r Ffrainc a ddaeth
                 gyda Gwilym Brewys,
            Maen' nhw'n rhodio ddau a dau mewn crysau
                 duon
            Heb na phais dur nac arfau. Mae'n siwr mai
                 nhw
            Fydd yn mynd a'r corff yn ôl i'w gladdu ym
                 Mrycheiniog.

Y DORF: I lawr â'r Ffrainc . . .
            Crocbren i'r Ffrainc . . . .
            Cymru am byth . . .
            (*Tabwrdd a sain utgorn*)

ALIS: 'Rwan, 'rwan, dyma Esgob Bangor a'i lyfr
                 gweddi,
            Ac yn syth ar ei ôl, dyma fo, Gwilym Brewys,
                 ma dame.

SIWAN: Sut olwg sy arno?

ALIS: Llodrau a chrys amdano; mae o'n droednoeth,
                 rhaff am ei wddw,
            A phenteulu'r llys yn arwain pen y rhaff yn ei
                 law.
            Mae ei freichiau o'n rhydd a'i ddwylo.

SIWAN: Ei freichiau a'i ddwylo'n rhydd! Fe all neidio,
                 gall neidio!

ALIS: Maen' nhw'n pasio 'ma 'rwan, fo a'r Penteulu
                 a'r Esgob
            Rhwng y ddwy reng o filwyr.

SIWAN: 'Ydy' o'n drist?

ALIS: O'u gweld nhw fe dd'wedech fod y Penteulu'n
                 mynd i'w grogi
            A Gwilym Brewys lartsh yn ei dywys i'r grog.

Y DORF: Hwrê! . . .Hwrê! . . . Hwrê! . . . .
            I grogi ag o . . .
            Cymru am byth . . . Cymru am byth . . .

ALIS: Y dorf sydd wedi ei weld o. Mae' nhw 'rwan
                 ar y lawnt.
            Mae'r munudau ola' gerllaw.
            (*Y tabwrdd yn curo'n araf ac isel*)

SIWAN (*yn isel*):

    Saint Duw sy'n meiddio gweddïo, gweddïwch drosto.

ALIS:

    Mae o'n ysgwyd llaw ag Ednyfed Fychan a'r Cyngor

    O un i un fel arglwydd yn eu derbyn i'w fwrdd,

    Mae ganddo air i bob un, mae'n nhw i gyd yn chwerthin . . .

    'Rwan mae o ar ei liniau o flaen yr Esgob

    A Chadwgan yn torri arwydd y groes dros ei ben.

    Mae'r dorf yn fud, wedi ei syfrdanu

    A'r Cyngor wedi delwi yn sefyll yn stond.

    'Does neb yn symud ond Gwilym. Mae o'n profi'r ysgol;

    'Rwan mae o'n teimlo'r rhaff, mae'n ei roi am ei wddw,

    Mae'n moesymgrymu a ffarwel; mae'n dringo fel capten llong

    I ben yr ysgol, ymsythu—

SIWAN (*yn isel*):

    Yr awr hon ac yn awr ei angau, amen.

ALIS:

    'Dyw'r dienyddwyr ddim yn symud i droi'r ysgol.

    (*Clywir yn glir floedd Gwilym*)

GWILYM:

    Siwan!

    (*Eiliad o seibiant, yna sgrech o ddychryn gan Alis*)

SIWAN (*yn dawel*):

    Ai dyna'r diwedd?

ALIS:

    Ond y naid a roes ef, y naid.

    Fe chwipiodd rhaff y grog fel gwialen bysgota,

    Taflwyd yr ysgol i ganol swyddogion y Cyngor . . . .

    'Rwan mae'r corff fel boncyff pren yn siglo wrth ei ddirwyn gan graen;

Mae'n tynnu'n llonydd yn awr, yn llonydd a
llipa.

(*Tabyrddu isel ac utgorn olaf*)

Mae'r dorf yn dylifo allan. Iddyn' nhw
Mae'r siou ar ben a bu'n siom. Be' wyddan',
be' falian' nhw
Am weddw yn Aber-honddu, neu am wraig
o garcharor yma
Yn gwegian dan ei hing? Gwahanglwyf yw
poen,
Ffau o dywyllwch yng ngolau dydd a dir-
gelwch;
'Does neb erioed a gydymdeimlodd â phoen.
Ewch bobol i ddawnsio i'r delyn. Mae'r
crythwyr a'r glêr
Eisoes ar y twmpath yn canu Cymru am byth.

(*Clywir miwsig telyn a ffidil oddi allan ac onid
Rhyfelgyrch Gwŷr Harlech a genir? Mae'n
darfod*)

Ma dame, mae rhywun yn dyfod? Clywaf
draed milwyr.

(*Agorir y drws. Milwyr. Yna Llywelyn*)

LLYWELYN: Tynnwch y gadwyn a'r hual oddi am ei
throed.
Mae'r perigl drosodd yn awr.
Ewch ymaith oll . . .
(*Maent yn mynd a chau'r drws*)
Mae'r cwbl drosodd yn awr . . . .
'Feiddiwn i ddim, ai e? 'Feiddiwn i ddim?

SIWAN: O waelod uffern fy enaid, fy melltith arnat,
Llywelyn.

LLEN.

ACT III.

(Bore Calan, Mai, 1231. Y mae Llywelyn yn ei ystafell wely. Curo ar y drws)

LLYWELYN: Tyrd i mewn.
(Daw Alis ato)

ALIS: Syr arglwydd, mae fy meistres yn paratoi,
Bydd hi yma gyda hyn.

LLYWELYN: Anfonais fy mab i'w hebrwng hi. 'Ydy' o
gyda hi?

ALIS: Mae o gyda hi 'rwan,
Anfonodd fi atoch i ddweud hynny.
'Welodd hi mono fo oddi ar ei briodas, syr.

LLYWELYN: 'Welodd hi mono fo ers blwyddyn,
Mi wn i hynny, ferch . . . 'Ydy' dy feistres yn
iach?

ALIS: Mor iach ag y gall hi fod, syr, wedi blwyddyn
o garchar.

LLYWELYN: Neilltuaeth, nid carchar. Cafodd bopeth ond
ei rhyddid,
Dwy forwyn i weini arni a chlas i rodio.

ALIS: Do, syr, fe gafodd bopeth ond ei rhyddid.

LLYWELYN: Beth yw dy feddwl di? Dywed dy feddwl.

ALIS: Gorchymyn, syr?

LLYWELYN: Gorchymyn.

ALIS: Fe briododd yr arglwydd Dafydd. 'Doedd ei
fam o ddim yn y briodas
Nac yn arwain dawnsio'r neithior. Gadawyd
hi gyda'i hatgofion.

LLYWELYN: Fe briododd fy mab fel y trefnwyd â merch
Gwilym Brewys;
Byddai'n anodd i'w fam ddawnsio yn nhŷ'r
wraig weddw.

ALIS: Seremoni yw dawns briodas.

LLYWELYN: Seremoni yw byw i deulu brenhinol.

ALIS: Mae hi wedi newid, f'arglwydd.

LLYWELYN: Mae pawb yn newid, mae hyd yn oed atgofion yn newid,
Mae dicter a dial yn newid.
Sut y newidiodd dy feistres? Pa newid a welaist ti?

ALIS: 'Churodd hi monof i ers blwyddyn gron?

LLYWELYN: 'Ddar'u i ti haeddu dy guro?

ALIS (*gan chwerthin*):
'Wn i ddim, syr.
Defod, nid haeddiant, biau curo morynion.

LLYWELYN: Fe beidiodd hithau â'r ddefod?

ALIS: F'arglwydd, 'roedd hi'n ifanc ei hysbryd cyn ei charchar.

LLYWELYN: Nid dyna dy feddwl di. Dywed dy feddwl, ferch.

ALIS: Mi dd'wedais a feiddia' i, syr.

LLYWELYN: Crogi Gwilym Brewys a'i crinodd hi,
Aeth ei nwyfiant hi gyda Gwilym i gwlwm rhaff.
Dyna dy feddwl di.

ALIS: Dyna fy ngofid i, syr. Chi a ofynnodd imi.

LLYWELYN: Rhaid imi ofyn i rywun.
Mae bod blwyddyn heb dy guro yn dy wneud di'n eofn.

ALIS: Nid merch i daeog mohono'i, syr. Gŵr rhydd oedd fy nhad.

LLYWELYN: 'Rwyt ti'n briod hefyd, mi gredaf.

ALIS: 'Rwy'n wraig weddw ers tair blynedd, f'arglwydd.

LLYWELYN: Maddau i mi. Un o'm teulu i oedd ef;
Fe'i lladdwyd ger Castell Baldwyn; bachgen dewr.

ALIS: Unwaith y gwelais i o cyn fy rhoi iddo'n wraig;
Yna, wedi pythefnos gyda'n gilydd, daeth y rhyfel;

Aeth yntau, a 'welais i mono fo wedyn.

Mae'r cwbwl erbyn heddiw fel breuddwyd llances.

LLYWELYN: Ond breuddwyd, nid hunllef.

Fe'i lladdwyd wrth ymosod ar fur y castell.

'Rwyt ti'n cofio ffarwelio ag ef?

ALIS: Yn y bore bach.

Rhois i iddo gwpanaid o lefrith poeth o deth yr afr

A chael cusan llaethog yng nghanol chwerthin milwyr.

Pythefnos, a'r cwbl ar ben. 'Roeddem ni'n dechrau 'nabod ein gilydd.

LLYWELYN: Dechrau 'nabod ei gilydd mae pob gŵr a gwraig,

Boed bythefnos neu ugain mlynedd.

'Dwyt tithau ddim heb ddewrder.

ALIS: Fi, syr?

LLYWELYN: 'Pheidiaist ti ddim â byw.

ALIS: 'Oedd gen'i ddewis?

LLYWELYN: 'Does neb deallus a dewr

Na fu peidio â byw rywdro'n demtasiwn iddo.

Rhodd enbyd yw bywyd i bawb.

ALIS: Hyd yn oed i dywysog?

LLYWELYN: Onid dyn yw tywysog, ferch?

ALIS: 'Dd'wedwch chi hynny wrth y dywysoges, syr?

LLYWELYN: 'Ydy' hi'n amau hynny?

ALIS: Byddai'n help iddi gael clywed.

Mae rhyfel a chynghreirio a holl brysurdeb teyrnasu

Yn gae o gwmpas tywysog, mae ei fawredd o ar wahan.

Ond i ni ferched, ie i ferch o frenhines,

Greddf mam yw gwraidd pob cariad, a chyntaf-anedig gwraig

71

Yw'r gŵr priod y rhoddir hi iddo yn eneth;
O golli'r plentyn ynddo mae gwraig ar ddis-
berod, syr.

LLYWELYN: Bod yn wan yw bod yn ddynol; dyna d'ergyd
di?

ALIS: Plentyn oedd Gwilym Brewys, syr, plentyn
bach.

LLYWELYN: A phlant bychain sy'n mynd i deyrnas serch.
Purion, Alis, mi geisia' i gnoi dy wers.

ALIS: Syr Arglwydd, 'dydw' i ond morwyn; chi a
barodd imi siarad.
Fe'm dysgwyd i yn y stafelloedd brenhinol
hyn,
'Rwy'n parchu ac yn coledd eu meistr a'u
meistres;
Bu'r flwyddyn weddw hon yn loes i'r teulu
a'r tŷ;
'Doedd esgymundod y Pab ond chwarae plant
wrth ein poen.

LLYWELYN: Fe ddaw esgymundod y Pab eto'n fuan arnom
oll
Petai waeth am hynny.

ALIS: Felly mae'r stori'n wir, syr, sydd drwy'r tai?

LLYWELYN: Oes sibrwd yn y llys?

ALIS: Eich bod chi eto ar gychwyn rhyfel yn erbyn
Brenin Lloegr.

LLYWELYN: Mae hynny i'w setlo heddiw gan dy feistres;
Hi sydd i ddewis, rhyfel neu dranc i Wynedd.
I hynny y gelwais hi'n awr o'i charchar
blwyddyn.
Mae tynged Cymru yn ei dwylo hi.

ALIS: Dyma'r dywysoges, syr.

LLYWELYN: Aros gerllaw yn stafell y morynion.
Bydd arna'i d'eisiau di, 'rwy'n gobeithio, cyn
hir.
(*Daw* SIWAN. *Exit* ALIS)

SIWAN: Anfonaist amdanaf, arglwydd. Dyma fi.

LLYWELYN: Siwan!

SIWAN:	Fy arglwydd?
LLYWELYN:	Siwan!
	(*Nid oes ateb*)
LLYWELYN:	Siwan, fi sy 'ma, Llywelyn . . Siwan?
SIWAN:	Llywelyn?
LLYWELYN:	Mae arna' i d'eisiau di, Siwan . . . fi, Llywelyn.
	(*Nid oes ateb*)
	Mae arna' i d'eisiau di, Siwan.
SIWAN:	Mae arnat ti f'eisiau i?
	Sut y gall hynny fod?
LLYWELYN:	Pam na all hynny ddim bod?
SIWAN:	'Rwy'n garcharor ers misoedd, arglwydd.
LLYWELYN:	Blwyddyn i'r bore hwn. Mi fûm innau'n cyfri'r dyddiau.
SIWAN:	'Ydy' hi'n glamai heddiw? Mi gollais gyfri.
LLYWELYN:	Mae hi'n galan Mai.
SIWAN:	'Oes rhaid bod mor aflednais wrth garcharor?
LLYWELYN:	Pa afledneisrwydd? Be' sy yn dy feddwl di?
SIWAN:	Heddiw, o bob dydd . . yma' i'r stafell hon,
	Yn syth o'm carchar? Pam y gelwaist ti fi yma?
LLYWELYN:	I barhau'r ymddiddan fu rhyngom ni yma'r llynedd.

SIWAN (*yn gwbl dawel a hunan-feddiannol fel un a llaw haearn arni ei hun*):

Na, na, na, fyth eto, 'Fedra' i ddim siarad am Gwilym.

Yn dy drugaredd, arglwydd, gorchymyn imi ddychwelyd i'm cell.

LLYWELYN:	Mae arna'i d'eisiau di, Siwan. Apêl yw hyn, nid gorchymyn.

Nid i'th boenydio chwaith y dewisais i'r bore hwn.

Neithiwr daeth yma gennad o Ddeheubarth,

Am hynny y gelwais i arnat. Heddwch i enaid Gwilym . . .

Hubert de Burgh yw byrdwn fy mhryderon.

Yma, y noson honno, proffwydaist amdano,

Proffwydaist fel Cassandra. Gwiriwyd dy
ciriau oll.
Rhaid i minnau fynd eto i ryfel yn erbyn dy
frawd.

SIWAN: Mynd eto i ryfel? Dyna benderfyniad y
Cyngor?

LLYWELYN: 'Chyfarfu mo'r Cyngor. 'Rwy'n gofyn dy
gyngor di gynta'.
Mi alwa' i'r lleill wedyn.

SIWAN: A pham fy help i?

LLYWELYN: Mae gen' i hawl i'th help di,
'All godineb na charchar ddim dileu fy hawl.

SIWAN: Oes, mac gen 'ti hawl. Fi roddodd iti'r hawl.
'Alla' i ddim tynnu dy hawl di'n ôl.
Ond pam yr wyt ti'n mynnu dy hawl heddiw?

LLYWELYN: Hawl Gwynedd a Choron Aberffraw yw fy
hawl i heddiw:
'Rwy'n dy wysio i help a chyngor yn ôl dy lw.

SIWAN: Nid apêl, ond gorchymyn felly?

LLYWELYN: O'r gorau, os felly y mynni. Daw'r apêl wedyn.

SIWAN: Pa raid i ti fynd i ryfel yn d'oed di?
'Rwyt ti'n drigain namyn dwy.

LLYWELYN: Daeth cennad ncithiwr a'r newydd am farw
William Marshal.

SIWAN: Gorffwysed mewn hedd. Mi fûm flwyddyn heb
hanesion, arglwydd,
Maddau syrthni fy meddwl. 'Ga' i wybod sut
Y mae marw William Marshal yn achos rhyfel?

LLYWELYN: Llynedd, i'w ofal ef y rhoed tiroedd Gwilym
Brewys.

SIWAN: Tiroedd Gwilym Brewys, ei frawd yng
nghyfraith. . . . Ac yn awr?

LLYWELYN: Fe'u rhoddwyd nhw 'rwan i Hubert de Burgh.

SIWAN: I'r pant y rhed y dŵr. Un o'th ffrindiau di,
arglwydd,
Gwnaethost dy orau trosto.

LLYWELYN: 'Glywaist ti fod iarll Caerloyw wedi marw?

74

SIWAN: Goleuni ar enaid Gilbert. Naddo, 'chlywais i ddim.

LLYWELYN: Bu farw yn Llydaw yn ystod gwyliau'r Ystwyll.

SIWAN: 'Dyw hynny ddim yn syn. A phlentyn yw'r etifedd.

LLYWELYN: Ie, plentyn yw'r etifedd,
Rhoddwyd y plentyn dan ofal Hubert de Burgh.

SIWAN (gan chwerthin):
Do, mae'n siwr. A beth am diroedd y plentyn?
Beth am Forgannwg fawr?

LLYWELYN: Hubert sydd i ddal Morgannwg.

SIWAN: Mae dy ffrind di'n magu bloneg anghyffredin.

LLYWELYN: Mae'r cwbl wedi digwydd fel y d'wedaist ti, Siwan.

SIWAN: 'Ddwg hynny mo'r marw yn ôl na datod rhaff.
Achub bywyd oedd f'amcan i'r noson honno,
'Doedd dy dymer dithau ddim mor boliti-
caidd.
Heddwch i enaid Gwilym, un dwfn yw Hubert.

LLYWELYN: Mae ei feddiant o 'rwan yn ymestyn o Hen-
ffordd i Aberteifi
Gan uno Dyfed a Gŵyr, Brycheiniog a Morgannwg;
Aeth Brewys a Marshal a Gilbert yn un yn Hubert.

SIWAN: Prif weinidog y goron yn Lloegr hefyd
A holl rym y Brenin yno ac yn Ffrainc dan ei fawd.
Ai doeth iti fentro rhyfel?

LLYWELYN (yntau'n byr-chwerthin):
Gwallgofrwydd, mi wn. Ond sut y medra' i beidio?
Ystyria'r wlad rhwng Tywi a Theifi heddiw,
Dinefwr a'r Cantre Mawr a'r Cantre Bychan;

'Alla' i ddim cadw gwrogaeth arglwyddi'r
Deau,
Wyrion yr Arglwydd Rhys,
Heb brofi fy nerth i'w noddi neu i'w cosbi.

SIWAN: 'Ydy' Rhys Gryg o Ddinefwr eto'n fyw?

LLYWELYN: Yn fyw ac yn wyllt fel erioed, ond yn ffyddlon
hyd yn hyn.
Rhyfel yn unig fedr ei gadw o felly,—
Mae Hubert ar bob ystlys iddo 'rwan
Fel blaidd yn agor ei safn i gau ar Ystrad Tywi.

SIWAN: Pe ceuid ar Ystrad Tywi fe gollid Ceredigion.
Byddai Deheudir Hubert yn deyrnas fwy na
Gwynedd:
Mae dwy dywysogaeth yng Nghymru yn
amhosibl.

LLYWELYN: Dyna daro'r hoelen ar ei phen.

SIWAN: Ble mae fy mrawd yn awr?

LLYWELYN: Mae'r Brenin yn Lloegr.
Rhaid imi ymosod er gwybod fod nerth
Brenhiniaeth Lloegr a'r Mers a Deheudir
Hubert
Oll yn gytûn yn f'erbyn.

SIWAN: Oll yn gytûn?
Petaent oll yn gytun 'ellid ddim mynd i ryfel.
O'r dydd y ganed Dafydd bu'n drefn fel deddf
Nad aem i ryfel na chynhyrfu rhyfel
Pan fyddai hi'n heddwch rhwng y Brenin a'r
Mers.

LLYWELYN: Gwir, ond 'fu 'rioed o'r blaen
Forgannwg a Deheubarth yn un deyrnas.
Mae rhyfel yn anochel.

SIWAN: Ydy' siwr,
Mae rhyfel yn anochel. Ond rhaid mynd i
ryfel
Fel y bydd ennill hefyd yn anochel;
Mae etifeddiaeth Dafydd yn y fantol.

LLYWELYN: Mae dy lafur di a minnau yn y fantol,

76

	Y baich a godasom ynghyd yn ein dydd ar y ddaear hon,
	Llinach Cunedda, coron Aberffraw, Cymru.
SIWAN:	Blwyddyn i heddiw y dylasit ti feddwl am hynny.
LLYWELYN:	Blwyddyn i heddiw mi ystyriais i hynny'n llawn.
SIWAN:	Beth yw dy feddwl di?
LLYWELYN:	Yma, yn y stafell hon, proffwydaist ti
	Ganlyniad lladd Gwilym Brewys. Yn y Cyngor wedyn
	Adroddais innau d'eiriau. 'Chedwais i ddim yn ôl.
	Ystyriwyd a phwyswyd. Fe'u credodd Ednyfed Fychan.
	Fe'u credodd Esgob Bangor. Fe'u credais innau.
	Gan wybod fod coron Aberffraw a theyrnas Gwynedd
	Ar antur enbyd y crogais i Gwilym Brewys.
SIWAN:	'Ga' i ofyn pam?
LLYWELYN:	Mae'n iawn iti wybod pam. Fe ddaw'r adeg i hynny toc.
	Polisi gynta', arglwyddes: yn ôl at yr hen ddisgyblaeth.
SIWAN:	Beth ynteu sy'n corddi yn Lloegr a'r Mers? 'Oes arwydd o grac?
LLYWELYN:	Yn hynny mae'n gobaith ni. Mae'r ieirll a'r esgobion
	A aeth i'r crwsâd yn dychwelyd.
SIWAN:	Pedr, esgob Caer-wynt, 'ydy' yntau'n dychwelyd?
LLYWELYN:	Fe gyrhaeddodd Ffrainc. Bydd yn Lloegr cyn diwedd yr haf.
SIWAN:	Gelyn marwol Hubert. Bydd y llys a'r Mers benben.
	Fedri di oedi'r rhyfel nes ei ddyfod?

77

LLYWELYN: Na fedra', sywaeth, a chadw gwrogaeth Rhys
            Gryg.
            Os gwêl o a'i neiod fi'n oedi, fe ân' drosodd fel
            llygod at Hubert.
            Rhaid imi gychwyn ymosod cyn yr haf.
SIWAN: Byddai dechrau Mehefin yn taro?
LLYWELYN: Byddai'n taro ym Mhowys. 'Beth am Ddyffryn
            Tywi?
SIWAN (*yn araf*):
            Gollwng Rhys Gryg yn awr i ysbeilio cyfoeth
            Brewys
            Ac addo y byddi gydag ef yn fuan.
            Anfon yr un pryd gennad i gwyno dy gam
            wrth y Brenin
            A ffugio achwyn heddychol i arafu ei gad ef
            fis.
            Wedyn daw gwŷr y crwsâd i lygadu Hubert
            yn Henffordd;
            Cei dithau daro yn Nhre-Faldwyn a llosgi dy
            ffordd hyd Went:
            Fe gyfyd y Mers fel bleiddiaid am waed de
            Burgh,
            Y Deau a Morgannwg fu daear eu hantur nhw
            'rioed;
            Siawns na orffenni di'r haf yn Aberteifi
            A theyrnas Hubert ond atgo.
LLYWELYN (*wedi pwyso*):
            Mae dy gyngor di'n graff ac yn brudd,
            Mae dy gyngor di yn nhraddodiad polisi
            Gwynedd;
            Byddai cael Aberteifi'n ôl yn cloi fy mrwydrau
            fel amen . . .
            Mi gymra' i dy gyngor, wreigdda, ar un
            amod.
SIWAN: Oes a wnelo dy amod â mi?
LLYWELYN: Fe'i cymeraf os dychweli di heddiw i'm gwely
            a'm bwrdd . . .
            (*Saib*)

78

SIWAN: Ai maddeuant yw ystyr hyn?

LLYWELYN: 'Gymeri di gen' i faddeuant?

SIWAN: Gorchfygu yw maddau. 'Faddeuais i ddim i ti.

LLYWELYN: Am ladd Gwilym Brewys?

SIWAN: Mi wyddwn mai byr fyddai bywyd Gwilym
Brewys,
'Roedd ei ladd ef yn ddynol; Hawdd gen' i
faddau hynny.
Ond am iddo 'ngharu i,
Am i minnau ildio i'w gariad,
Rhoddaist iddo farwolaeth dyhiryn a lleidr
pen ffordd
Ac agor dy lawnt i grechwen taeogion Arfon;
Fe'i crogaist—i ddangos dy ddirmyg
Ac i boeri ar ein serch gerbron y byd.

LLYWELYN: Bu farw'n hardd. 'Roedd ei farw o'n deilwng
o'th serch.

SIWAN: Cywilyddiodd dy Gyngor,
Aeth dy dorf o daeogion yn fud;
Nid i ti y mae'r diolch am hynny.

LLYWELYN: 'Drawodd o ar dy feddwl di, Siwan,
Y gallai 'mod i'n dy garu fel Gwilym Brewys?

SIWAN: Ti'n fy ngharu? Bc' wyt ti'n ei feddwl?

LLYWELYN: 'Ydy'r gagendor rhyngom gymaint â hynny?

SIWAN: F'arglwydd, rhoddwyd fi iti'n briod yn ddeg
oed
A thithau'n d'wysog dros dy ddeuddeg ar
hugain.
Pedair blynedd wedyn dois fel cwningen i'th
wely,
Bûm wraig a chywely iti ugain mlynedd;
Rhoddais iti etifedd, rhoddais iti ferched,
Llywyddais ar dy dŷ, bûm ladmerydd i eiriol
A'th arbed rhag llid fy nhad, i'th gymodi â'm
brawd,
Ymdreuliais yng ngorchwylion esgob a llys-
gennad,

79

Teithio yn dy wasanaeth, adeiledais gyda thi
deyrnas:
Unwaith, cyn fy henaint, daeth llanc, canodd
delyn i'm calon hesb,—
Fe'i crogaist fel sgadenyn wrth ben llinyn.

LLYWELYN: Mae hynny'n wir. Mae'n ddrwg gen' i heddiw
am hynny.
'Roedd yn rhaid iddo farw. 'Doedd dim
rhaid ei grogi.

SIWAN: Pam yntau? Pam? 'Fedra' i ddim byw gyda thi,
'Fedra' i fyth fynd dan yr un lliain heb ddeall
pam.

LLYWELYN: 'Fedri di ddim deall pam. 'Dydw' i ddim yn
bod iti.

SIWAN: 'Rwyt ti'n bod fel mae hunllef yn bod er y
bore hwnnw.

LLYWELYN: Mi wn i hynny. 'Roedd dy Wilym yn nes
ata' i,
Fe'm gwelodd o fi fel person.
Bu raid imi gau ei safn rhag iddo 'mradychu
ger dy fron.

SIWAN: 'Dd'wedi di wrthyf i beth a welodd Gwilym?
Yn enw ugain mlynedd o orwedd ynghyd,
Mae gen' i hawl i wybod.

LLYWELYN: Dweud wrthyt yw noethi fy mron i saethau
crechwen.

SIWAN: Mae blwyddyn o garchar unig yn tarfu
crechwen.

LLYWELYN: Gwleidyddiaeth oedd ein priodas ni, arglwy-
ddes,
A rhyngom ni 'roedd bwlch o chwarter canrif.
Wel, dyna'r arfer, mae'n sail i gynghrair
A chytgord gwledydd, cyd-odde, cyd-adeil-
adu.
Ond pedair blynedd wedyn, pan ddaethost ti
Yn wyry i Eryri fel bedwen arian ir,
Fe droes fy nghalon i'n sydyn megis pe gwel-
swn y Greal;

I mi 'roedd goleuni lle y troedit.
Ond mygais fy syfrdandod rhag dy ddychryn
A phan deimlais i di yma'n crynu yn fy
mreichiau
'Ddoluriais i monot ti â chusanau trwsgl
Na chwŷs cofleidio erchyll; ymgosbais yn daer
Fel na byddwn ffiaidd gennyt; bûm ara' a
chwrtais a ffurfiol;
A diflannodd dy gryndod; daeth y stafell hon
iti'n gartref
A minnau'n rhan, nid rhy anghynnes, o'r
dodrefn.
Felly'r addolais i di, fy fflam, o bell ac yn fud,
Gan ymgroesi rhag tresbasu â geiriau anwes;
Ond tynnais di i mewn i fusnes fy mywyd,
Trefnais fy nhŷ a'm tylwyth a'm teyrnas wrth
dy gyngor,
A rhoi i'th ymennydd ysblennydd ehangder
swydd.
Cofiaf y p'nawn y daethost oddi wrth dy dad
O'th lysgenhadaeth gynta'; 'roedd fy mywyd i
Mewn perig' y tro hwnnw. Pymtheg oed
oeddit ti
A Dafydd dy fab prin ddeufis. Daethost adre
A'm heinioes i a thywysogaeth Dafydd
Yn ddiogel dan dy wregys. A'r noson honno
Ti a'm cofleidiodd i. 'Doedd gen' i ddim iaith
I ddweud fy llesmair; meistrolais gryndod
fy nghorff;—
Ond wedi'r noson honno bûm enbyd i'm
gelynion,
Cesglais Geredigion a Phowys a Deheubarth
A'u clymu yng nghoron dy fab, iddo ef yn
unig yn Nghymru
Er gwaetha'r ddefod Gymreig, er gwaetha'r
rhwyg yn fy nhŷ;
Mynnais gael ei gydnabod gan Frenin Lloegr
a'r Pab

A chael gan y Pab gyhoeddi brenhiniaeth ddi-
      lychwin ei ach:
Hyn oll a bensaernïais, fy nheml ydoedd i ti,
F'addoliad i ti—
SIWAN: Llywelyn, 'wyddwn i ddim, 'wyddwn i ddim.
LLYWELYN: Pa les fyddai iti wybod? 'Roedd mynydde'r
      blynydde rhyngom,
Mi ddeallais i hynny hefyd,
Gwleidydd wyf fi, 'cheisiais i mo'r amhosib,
'Roedd dy gywirdeb di'n ddigon.
SIWAN: Mewn ugain mlynedd o fyw gyda'n gilydd
      'dd'wedaist ti mo hyn o'r blaen.
LLYWELYN: Mewn ugain mlynedd o fyw gyda'n gilydd
      'welaist tithau mo hyn.
SIWAN: Ai o eiddigedd gan hynny y crogaist ti ef?
LLYWELYN: 'Roedd hwyrach eiddigedd yn ei ladd;
Ti fu achos ei grogi.
SIWAN: Fi? Fi?
LLYWELYN: Y siwrnai ddychrynllyd honno,
Wrth imi garlamu rhwng dydd a nos drwy
      Bowys
A thros Is-Gonwy, mi wyddwn yn chwerwder
      dadrithiad
Mai gwir a ddywedsai Hubert ac mai yma y
      cawn i'r deryn
Ar fy ngwely, yn dy freichiau, heb arfau.
Bu'r daith yn ddigon hir i fygu'r dyhead
I gladdu dagr yn ei galon; fe gâi farw fel
      barwn wedi barn.
Felly y cawsai farw oni bai ti.
SIWAN: Och fi a sut?
LLYWELYN: Bernaist yn dy ddirmyg ohonof mai polisi
      piau fy enaid,
Y gwerthwn i 'ngwely am gastell
A rhoi fy ngwraig i'w halogi am gynghrair
      a ffin.
Mi atebais i ddirmyg â dirmyg,
Fe'i crogais i wirio dy rybuddion

	Ac i ddangos i wraig a'm sarnai
	Fod un peth y taflwn i goron Aberffraw a Chymru Cunedda er ei fwyn.
SIWAN:	Llywelyn, Llywelyn,
	O ddirmyg dibris tynnaist arnat y rhyfel hwn
	A thithau bron drigain oed! Nid llywodraeth yw maes hap-chwarae.
LLYWELYN:	Fe droes dy ddirmyg di y noson honno
	Holl gynlluniau llywodraeth hanner canrif yn dom.
SIWAN:	Myn y Groes Naid, Llywelyn,
	Nid dirmyg oedd fy mwriad.
LLYWELYN:	Y gair nad yw'n fwriad yw allwedd y galon.
SIWAN:	'Does dim allwedd i galon;
	'Does neb ar y ddaear yma'n deall ei gilydd;
	Y gŵr sy'n cofleidio'r wraig a'r wraig sy'n ateb â'i chusan,
	Dwy blaned sy'n rhwym i'w cylchau; 'chlywan' nhw mo'i gilydd fyth.
LLYWELYN:	Onid hynny yw priodas, ymglymu heb adnabod,
	Ymroi heb amddiffyn na gwybod i bwy na pha siawns?
	Mae'r plentyn a'r dyn mewn oed yn yr un trap;
	'Beth ond hapchwarae yw byw?
SIWAN:	Dewis, nid hap, yw dy ryfel.
LLYWELYN:	Mae hynny'n dibynnu arnat ti;
	'Ddoi di'n ôl i'm gwely a'm bwrdd?
SIWAN:	Beth sydd a fynno hynny â'th ryfel di?
LLYWELYN:	Mae'r rhyfel yn anochel. Gellir dewis dychwelyd.
SIWAN:	Carcharor ydw' i. Dy ddedfryd di a'n gwahanodd.
	Pam na orchmynni di imi ddychwelyd?
LLYWELYN:	Rhaid iti ddychwelyd ata' i o'th ewyllys dy hun.

SIWAN: Ac os gwrthoda' i?

LLYWELYN: Purion. Mi af i ryfel.

SIWAN: Heb ddychwelyd? Mae'r bygwth yn annheg.

LLYWELYN: Twysoges a merch Brenin? 'Rwyt ti'n gynefin
erioed
A barnu a chlywed barnu i farwolaeth,
Mae'r peth yn rhan o'n bywyd beunyddiol ni.

SIWAN: 'Fedra' i ddim dyfod i'th wely heb gael dy
faddeuant.

LLYWELYN: Gwyddost fod hynny i'w gael.

SIWAN: Nac ydy' ddim i'w gael. 'Ofynna' i ddim am
faddeuant
Na godde' maddeuant gan ragrithiwr hunan-
gyfiawn . . . .
'Rwyt ti'n sbïo acw yn y drych ar Lywelyn
Fawr
Yn maddau i'w wraig megis i'r llestr gwannaf
Cyn mynd i'r enbydrwydd a gyffroes hi â'i
phechod.
Gwrandewais arnat a dysgu: fi a halogodd dy
wely,
Fi hefyd a grogodd fy nghariad, fi roes y
Deau i Hubert,
Fi a beryglodd deyrnas Dafydd drwy'r rhyfel
hwn,
Fi a ddrylliodd y ddelw 'roedd dy fywyd di'n
lamp o'i blaen,
Di ferthyr y serch priodasol.
Ac yn awr cyn ymadael i'r frwydr fe'm der-
bynni'n ôl i'th wely
A'm llorio â gras dy faddeuant i wylo mewn
llwch a lludw,
A thithau a'r haul ar dy helm yn marchogaeth
yn hardd i'th dranc.
Wedi dwyn dy gorff adre, Llywelyn, mi
gyrcha' i beintiwr o Ffrainc
I roi ar fur y capel ar lan Conwy

Ddameg y Wraig Afradlon a'r Gŵr oedd fel
Duw.
(*Ennyd o ddistawrwydd. Yna mae'r ddau yn
torri allan i chwerthin*)

LLYWELYN: 'Dydw' i ddim yn deilwng ohonot ti, Siwan.

SIWAN: Mae pob gwraig briod yn clywed hynny ryw-
bryd,
Dyna'r pryd y mae'r gŵr berycla'.

LLYWELYN: 'Fedri di faddau imi, Siwan?

SIWAN: Llywelyn Fawr yn gofyn maddeuant gan
butain?

LLYWELYN: Gair fy ngwallgofrwydd, gair cynddaredd
cenfigen;
Fe droes fy serch i'n gasineb a malais erchyll
Y noson honno—

SIWAN: Ust, paid â deud y gwir.
Nid cyffesgell sydd yma na thad enaid,
Ond gwraig ddrwg yn ysu am oruchafiaeth.
(*Mae'r ddau eto'n chwerthin*)

LLYWELYN: Wnei di faddau imi, Siwan?

SIWAN: Am fy ngalw i'n hynny?
Llywelyn bach, 'roedd yr enw'n fy nharo i'n
iawn.

LLYWELYN: Ond y crogi maleisus? Y gwynfydu gwyllt
yn dy boen?

SIWAN: Dy drueni di sy waethaf. Fe grogwyd Gwilym,
Neidiodd i'w dranc gan ddiasbedain f'enw
A chafodd ein serch awr anterth gogoniant
poen.
Felly y cofia' i o mwy: achubwyd rhagom
Awr y dadrithio, y cogio cusanu, yr hen alaru
a'r syrffed.
Ond rhaid i ti, os maddau, fyw gyda lludw dy
ddelw
A chofio'r hunlle di-gwsg y nos y diffoddwyd
fflam serch;

85

	Bydd gorwedd gyda mi yn dy wely fel cysgu'n fyw yn dy fedd.
	'Fedri di ngodde i, Llywelyn, fedri di beidio â'm casau?
LLYWELYN:	'Ddoi di'n ôl, Siwan?
SIWAN:	Rhyngom yn y gwely os dof bydd drewdod halogiad dy serch.
LLYWELYN:	Rhyngom yn y gwely os doi bydd celain yn crogi wrth raff.
SIWAN:	'Be' wnawn ni â nhw, Llywelyn?
LLYWELYN:	Estyn breichiau drostynt tuag at ein gilydd A'u cymryd hwythau atom fel eneidiau'n cartrefu yn y Purdan; Purdan yw gorau priodas, y paratoi. Fi yw'r tân sy'n dy grino a'th ladd di, Tân ar dy groen di, hen ŵr sy'n fwy o sefydliad Nag o ddynoliaeth, y gwleidydd yn y gwely. Tithau a'th atgo am lanc a roes naid at dy gusan a'i dranc, 'Ddoi di'n ôl ataf, Siwan?
SIWAN:	Mae arfer chwarter canrif yn fy nhynnu'n ôl.
LLYWELYN:	Mae etifeddiaeth dy fab yn dy dynnu'n ôl.
SIWAN:	Mae twpdra hen ŵr yn cythru i ryfel yn fy nhynnu'n ôl.
LLYWELYN:	Siawns nad enilla' i'r rhyfel er fy henaint a thithau'n ôl.
SIWAN:	Llywelyn, 'rwy'n ewyllysio dy lwyddiant a'th les.
LLYWELYN:	Mae hynny'n ddigon; 'rwyt ti eisoes yn ôl.
SIWAN:	'Gymeri di fi fel yna, heb ddim ond ewyllys da?
LLYWELYN:	Ewyllys da yw cariad. Siwan fy ngwraig, Mi ddof allan o'm stafell i'r frwydr gan lawenhau Fel cawr i redeg gyrfa, gyrfa dy ryfel di.
SIWAN:	Un gair, Llywelyn. Mi wela' i dy fuddugoliaeth os myn Duw hynny,

Mi wela'i gwymp y cyfaill Hubert de Burgh,
Mi welaf sefydlu dy deyrnas ac etifeddiaeth
Dafydd.
Wedi hynny, 'fydd fy nyddiau i ddim yn hir—

LLYWELYN: Byddi fyw ar fy ôl i—

SIWAN: Na fydda'i ddim. Mae bywyd eto'n gryf ynot
ti,
A'th awch i adeiladu eto'n rymus.
Mae hynny wedi darfod i mi.
A ga' i un addewid gennyt ti'n awr?

LLYWELYN: Dywed d'ewyllys.

SIWAN: Fy nhestament ola'. O ffenest' llofft fy nghar-
char
Tu draw i lawnt y grog a thywod Lafan,
Draw dros Fenai, mi welwn Dindaethwy a
Llanfaes
A'r brain yn codi a disgyn ar y coed ger
eglwys Catrin;
'Roedd gweld eu rhyddid digerydd yn falm i
galon carcharor.
Pan fydda' inna' farw,
Ei di a'm corff i drosodd mewn cwch a'i
gladdu
Yno, yn y fynwent newydd, a rhoi'r tir
I frodyr Ffransis i godi tŷ a chapel?

LLYWELYN: Y Brodyr Llwydion? Pam i Ffransis o bawb?

SIWAN: Mae arna'i ddyled i'w thalu i sant y cortyn.
'Roedd o'n hoff o hapchwarae ac yn hoff o
raff.

LLYWELYN: Mae brathiad yn d'ewyllys di. 'Roedd yn fy
mryd
Dy gael di gyda mi yn Aber Conwy.

SIWAN: Apeliaist at lw'r briodas,
Mae hwnnw'n fy nghlymu i wrthyt hyd at y
bedd.
'Rwyf innau'n bodloni i hynny, yn croesawu
hynny.

87

Ond mae'r bedd yn torri pob cwlwm, yn rhyddhau pawb:
Mi garwn i'm hesgyrn gael pydru yno heb neb.

LLYWELYN: O'r gorau, enaid.
Mi wna' i'r cwbl yn ôl dy ddymuniad, Siwan ....
'Wyt ti yna, Alis?
(*Alis yn rhedeg*)

ALIS: Fy arglwydd?

LLYWELYN: Ble mae coron Tywysoges Aberffraw?

ALIS: Yng nghist *ma dame*.

LLYWELYN: Tyrd â hi yma i mi.
(*Agor y gist*)
Mae'r forwyn yma'n cwyno arnat ti, Siwan.

ALIS: *Ma dame*, naddo. 'Chwynais i ddim erioed.

LLYWELYN: 'Threwaist ti moni hi ers blwyddyn, medda' hi,
Mae hi'n clywed colli blas dy law di'n dost.

ALIS: Syr arglwydd, rhag eich c'wilydd chi!

LLYWELYN: Gan hynny, 'rwy'n cymryd baich ei chosbi hi arnaf fy hun.
Os do' i'n ôl o'r rhyfel hwn yn fuddugol
Mi'th roddaf yn wraig i'r llanc dewraf o'm teulu
A bod hynny wrth dy fodd di . . .Dyina'r goron ....
Fy nhywysoges, 'rwy'n dy goroni di
Â thalaith Aberffraw. Rhoddaf fy neheulaw iti,
Cusanaf dy law dithau . . .Awn i'r neuadd i ginio.
Heddiw brynhawn mi alwa'i Gyngor y Deyrnas
A rhoi ger eu bron gynlluniau rhyfel Gwynedd.
Sain utgorn ....

LLEN.